La justice pénale internationale

Logiques Juridiques
Fondée par Gérard Marcou
Dirigée par Jean-Claude Némery et Thomas Perroud

Le droit n'est pas seulement un savoir, il est d'abord un ensemble de rapports et pratiques que l'on rencontre dans presque toutes les formes de sociétés. C'est pourquoi il a toujours donné lieu à la fois à une littérature de juristes professionnels, produisant le savoir juridique, et à une littérature sur le droit, produite par des philosophes, des sociologues ou des économistes notamment.

Parce que le domaine du droit s'étend sans cesse et rend de plus en plus souvent nécessaire le recours au savoir juridique spécialisé, même dans des matières où il n'avait jadis qu'une importance secondaire, les ouvrages juridiques à caractère professionnel ou pédagogique dominent l'édition, et ils tendent à réduire la recherche en droit à sa seule dimension positive. À l'inverse de cette tendance, la collection « Logiques juridiques » des éditions L'Harmattan est ouverte à toutes les approches du droit. Tout en publiant aussi des ouvrages à vocation professionnelle ou pédagogique, elle se fixe avant tout pour but de contribuer à la publication et à la diffusion des recherches en droit, ainsi qu'au dialogue scientifique sur le droit. Comme son nom l'indique, elle se veut plurielle.

Dernières parutions

Cătălin-Silviu SARARU, *Le droit administratif en Roumanie*, 2022.
Robert VINCENT, *Les fédérations sportives françaises. Analyse par la gouvernance*, 2022.
Wiyao KAO, *Le contrat portant sur une chose future. Essai d'une théorie générale*, 2022.
Clemmy FRIEDRICH, *Les contrats de l'administration mis en discours, Une histoire doctrinale du droit administratif (1800-1960)*, Tome 2.
Clemmy FRIEDRICH, *Les contrats de l'administration mis en discours, Une histoire doctrinale du droit administratif (1800-1960)*, Tome 1.

Roger K. Koudé

La justice pénale internationale :

un instrument idoine pour raisonner la raison d'Etat ?

Préface de Fatou Bensouda

Du même auteur

- *Discours sur la Paix, la Justice et les Institutions efficaces*, Paris, Editions des archives contemporaines (EAC), 12/2020 (Préface de Dr Denis MUKWEGE, Prix Nobel de la Paix 2018) ;

- *La fondamentalité des droits de l'homme*, Paris, Editions des archives contemporaines (EAC), 10/2020 ;

- *Les droits de l'homme : un défi permanent !* (dir.), Paris, Editions des archives contemporaines (EAC), 04/2019 ;

- *Rwanda, 20 ans après : le génocide des Tutsi et la situation des survivants* (dir.), Paris, Editions des archives contemporaines (EAC), 05/2018 ;

- *Les droits de l'homme : défis et mutations* (dir., avec André S. DIZDAREVIC), Paris, L'Harmattan, 11/2013.

© L'Harmattan, 2023
5-7, rue de l'Ecole-Polytechnique, 75005 Paris
http://www.editions-harmattan.fr
ISBN : 978-2-14-029472-3
EAN : 9782140294723

A la mémoire de mon père

Pierre Laoudoumtar K. KOUDE

L'une des nombreuses victimes des crimes contre l'humanité à travers le monde et dont les auteurs sont toujours en liberté…

Liste des sigles et abréviations

ATNUTO (ou UNTAET)
Administration transitoire des Nations Unies au Timor oriental
AIDP
Association internationale de droit pénal
CADHP
Charte africaine des droits de l'homme et des peuples
CEA
Chambres extraordinaires africaines
CEDH
Convention européenne des droits de l'homme
CIJ
Cour internationale de justice
CPI
Cour pénale internationale
CPJI
Cour permanente de justice internationale
CPS
Cour pénale spéciale
DDHC
Déclaration des droits de l'homme et du citoyen
DUDH
Déclaration universelle des droits de l'homme
FUSL
Facultés Universitaires de Saint-Louis
FIDH
Fédération internationale des droits de l'homme
HRW

Human Rights Watch
IDHL
Institut des droits de l'homme de Lyon
IRCT
International Rehabilitation Council of Torture Victims
MUNIK
Mission des Nations Unies pour le Kosovo
PIDCP
Pacte international relatif aux droits civils et politiques
PIDES
Pacte international relatif aux droits économiques, sociaux et culturels
ONG
Organisations non-gouvernementales
OEA
Organisation des Etats américains
ONU
Organisation des Nations Unies
OTAN
Organisation du traité de l'Atlantique Nord
OMS
Organisation mondiale de la santé
OUA
Organisation de l'unité africaine
PUF
Presses universitaires de France
RCA
République Centrafricaine
RDC
République démocratique du Congo
RGDIP
Revue générale de droit international public
RTDH
Revue trimestrielle des droits de l'homme
SDN
Société des Nations
TPIY
Tribunal pénal international *ad hoc* pour l'ex-Yougoslavie
TPIR

Tribunal pénal international *ad hoc* pour le Rwanda
TSL
Tribunal spécial des Nations Unies pour le Liban
TSSL
Tribunal spécial pour la Sierra-Léone
UA
Union africaine
UE
Union européenne
UNESCO
Organisation des Nations Unies pour l'éducation, la science et la culture
URSS
Union des républiques socialistes soviétiques

Préface

Dr Fatou BENSOUDA[1]
Procureure générale de la Cour pénale internationale (2012-2021)

Cet ouvrage, intitulé *La justice pénale internationale : un instrument idoine pour raisonner la raison d'Etat ?*, s'inscrit dans la continuité des travaux de recherche de l'auteur depuis de longues années sur l'importance de la justice pénale internationale dans l'évolution du monde. En effet, par cet ouvrage, l'auteur démontre que la justice pénale internationale est l'une des évolutions majeures du système international, en particulier au cours de ces trois dernières décennies, en même temps qu'un instrument idoine pour « raisonner la raison d'Etat ».

De toute évidence, l'émergence progressive de la justice pénale internationale, avec *in fine* la création de

---

[1] Ministre de la Justice de la République de Gambie (1998-2000) Conseillère juridique et Substitut du Procureur au Tribunal pénal international pour le Rwanda (2002-2004).

la Cour pénale internationale (CPI), qui est l'unique juridiction pénale internationale permanente à vocation universelle, apparaît comme l'une des réponses idoines face aux crimes qui heurtent la conscience de l'humanité. La création de cette juridiction, dont la compétence est complémentaire de celle des Etats, apparaît également comme une injonction faite à l'Etat afin d'assurer pleinement l'une de ses missions originelles, la mission de protection qui consiste à garantir la sécurité de toutes les personnes se trouvant sous sa juridiction. La légitimité même ainsi que la crédibilité de l'Etat tiennent à la réalisation de cette mission de protection, notamment contre les crimes les plus graves.

C'est donc à l'Etat que revient la responsabilité principale dans la sanction des crimes, quels qu'ils soient, et c'est seulement à défaut que le recours aux juridictions pénales internationales, qui reste un recours d'exception, se justifie.

Cet ouvrage tend également à déconstruire de nombreuses critiques qui semblent souvent perdre de vue ce qui, fondamentalement, constitue la vocation même et la mission ultime de cette noble institution, à savoir : être un instrument de dissuasion judiciaire de portée universelle. C'est d'ailleurs de là que se dégage l'idée, que l'auteur défend tout au long de son analyse, selon laquelle la justice pénale internationale fait partie intégrante de la stratégie globale de la Communauté internationale dans la recherche de la paix et de la sécurité dans le monde, par la sanction pénale des crimes les plus graves qui relèvent de sa compétence matérielle.

L'émergence de la justice pénale internationale, dont la Cour pénale internationale est sans conteste la composante majeure aujourd'hui, s'est faite en adéquation avec la vision de la Communauté internationale ainsi que celle des Etats quant au respect inconditionnel de la vie, de la dignité et de la valeur de la personne humaine. C'est pourquoi, les crimes qui heurtent la conscience de l'humanité, qui sont imprescriptibles par nature, ne doivent plus restés impunis et les auteurs présumés de tels crimes doivent répondre pénalement de leurs actes, tant qu'ils sont en vie et où qu'ils se trouvent dans le monde.

En définitive, *La justice pénale internationale : un instrument idoine pour raisonner la raison d'Etat ?* est une mise en évidence de la double fonction, à la fois curative et préventive, de la justice pénale internationale. Ce qui, à n'en point douter, fait de cette institution juridictionnelle l'un des instruments essentiels de la gouvernance mondiale et de la lutte contre l'impunité, pour un monde qui soit plus sûr et juste…

Introduction
De la légitimation des crimes d'Etat au défaut de pertinence de la qualité officielle

« [...] *deux facteurs nouveaux – l'international et la guerre – compliquent notre sujet et introduisent la dimension de l'universel : sous le biais d'une commune humanité et sous l'angle d'une compétence qui ne connaîtrait plus de frontières. L'universel, qu'il soit éthique ou géographique, donne l'occasion à chacun de relire les relations entre droit et politique avec une loupe grossissante : il excite le rêve juridique chez les uns tandis qu'il amplifie le cynisme politique des autres. On ne sera donc pas surpris de rencontrer sur la justice pénale internationale essentiellement deux catégories de productions : d'une part, une vaste littérature apologétique ressassant inlassablement l'histoire de Nuremberg à la* CPI, *nourrie de beaucoup d'exemples mais peu problématisée, et, de l'autre part, une argumentation essentiellement théorique soulignant la fragilité – voire l'impossibilité – d'une telle entreprise. Notre sujet est ainsi marqué par un optimisme excessif et par un pessimisme réducteur (sans presque rien entre les deux), chacun ne considérant qu'une des deux faces de cette justice : les militants des droits de l'homme n'en retenant que l'espoir, les réalistes que le côté machiavélique* [2] ».

Considérée comme l'une des évolutions majeures du système international au cours de ces dernières décennies, la justice pénale internationale reste

---

[2] GARAPON A., *Des crimes qu'on ne peut ni punir ni pardonner*, Paris, Odile Jacob, 2002, p. 13.

néanmoins un secteur toujours en chantier[3] qui, à tort ou à raison, suscite des commentaires et des critiques des plus sévères. En effet, le bilan relativement mitigé[4] des tribunaux pénaux internationaux *ad hoc* (le TPY et le TPR[5]), les avancées, les stagnations voire les reculs constatés dans la mise en œuvre du mécanisme de la compétence universelle de juridiction, l'évolution lente et prudente de la Cour pénale internationale (CPI), les pesanteurs politico-diplomatiques qui interfèrent régulièrement dans le déroulement des affaires, entre autres, auxquels s'ajoutent les difficultés d'accès à ces juridictions, notamment pour les victimes, etc., ont parfois laissé penser que la justice pénale internationale n'est qu'un énième instrument international sans une réelle utilité pratique.

---

[3] V., entre autres : BOURDON W. & DUVERGER E., *La Cour pénale internationale*, Paris, Seuil, 2000 ; GARAPON A., *Des crimes qu'on ne peut ni punir ni pardonner, op. cit.*, etc.
V. aussi : nos articles, portant respectivement sur :
- « La pertinence opératoire de la justice pénale internationale : vers un universalisme juridique toujours inachevé », *Revue trimestrielle des droits de l'homme*, 64/2005, pp. 955-978 ;
- « Questionnement sur les « réparations » pour faits de crimes contre l'humanité : la justice peut-elle être au service du travail de mémoire ? », *Revue trimestrielle des droits de l'homme*, 66/2006, pp. 397-424.

[4] NOLLEZ-GOLDBACH R. & SAADA J., *La justice pénale face aux crimes de masse : approches critiques*, Paris, Editions A. Pédone, 2014.

[5] Il s'agit, respectivement :
- du Tribunal pénal international *ad hoc* pour l'ex-Yougoslavie, créé par la Résolution 827 du Conseil de sécurité du 25 mai 1993 ;
- du Tribunal pénal international pour le Rwanda, créé par la Résolution 955 du Conseil de sécurité du 8 novembre 1994.

Cependant, quel que soit le bien-fondé de ces objections et critiques, des déceptions par rapport à la mise en œuvre effective de la justice pénale internationale, à ses limites et à ses anomalies congénitales[6], on aurait tort de perdre de vue ce qui, fondamentalement, constitue la vocation et la mission de cette institution, à savoir : être un instrument de dissuasion judiciaire de portée universelle, à même de raisonner la raison d'Etat[7].

En effet, la raison d'État est le principe selon lequel un État peut légitimement, au nom de la nécessité ou d'un critère considéré comme supérieur, violer son propre droit. Il s'agit donc de s'affranchir de la légalité, au nom d'un critère de légitimité de l'action gouvernementale qui appartiendrait à un autre ordre, à une rationalité bien particulière et dont les principes ne peuvent être connus que par les gouvernants. Ce principe, sans support définitionnel précis, donne logiquement lieu à des pratiques extrêmement variées et bien souvent abusives, mais présentées néanmoins comme autant de procédés de légitimation de l'action politique commandée par la nécessité[8].

---

[6] Cf. notre article : « La pertinence opératoire de la justice pénale internationale : vers un universalisme juridique toujours inachevé », *op. cit.*, pp. 967-975.

[7] Voir à ce sujet :
- DELMAS-MARTY M. (*dir.*), *Raisonner la raison d'Etat*, Paris, Presses universitaires de France, 1989 ;
- TAVERNIER P., « Persistance de la raison d'Etat dans le système de la Convention européenne des droits de l'homme », *Annuaire international des droits de l'Homme*, n° 3/2007.

[8] Les paroles de Pierre Corneille, dans *Cinna* (acte V, scène 2), sont aujourd'hui encore d'une grande actualité, en rapport avec les débats contemporains au sujet de la raison d'Etat :

La raison d'Etat apparaît alors incontestablement comme l'un des avatars opérationnels de la théorie de la souveraineté de l'État dont la finalité est d'assurer efficacement sa pérennité. Elle ne relève pas d'une simple théorie de l'État, mais doit s'entendre aussi comme une rationalisation à l'extrême de pratiques politiques.

S'agissant d'une justification des actions de l'Etat sur des bases prétendument rationnelles et à des fins considérées comme supérieures à toute autre considération, la raison d'État suscite bien logiquement des interrogations et/ou des préoccupations diverses [9]. Elle est souvent perçue comme une justification du pouvoir despotique par certains, tandis que d'autres voient en elle une transgression légitime et nécessaire à la survie de l'Etat, et donc d'un peuple donné [10]. Ainsi, l'on a

---

« *Tous ces crimes d'Etat qu'on fait pour la couronne,*
Le Ciel nous en absout alors qu'il nous la donne,
Et dans le sacré rang où sa faveur l'a mis,
Le passé devient juste et l'avenir permis.
Qui peut y parvenir ne peut être coupable ;
Quoi qu'il ait fait ou fasse, il est inviolable :
Nous lui devons nos biens, nos jours sont entre ses mains,
Et jamais on n'a droit sur ceux du souverain ».

[9] Voir aussi à ce sujet, entre autres :
- FRIEDRICH C. J., *Constitutional reason of State. The survival of the constitutional order*, Providence, R.I., Brown University Press, 1957 ;
- TROIANIELLO A., *La raison d'Etat et droit public*, Thèse de Doctorat, Université du Havre, 1999, etc.

[10] A titre d'illustration, l'on se souvient encore de cette formule radicale de Benitto Mussolini, dans son fameux discours à la Chambre des députés en 1927 : « *Tout dans l'Etat, rien en dehors de l'Etat et rien contre l'Etat* ».

tendance à opposer la raison d'État au droit, et donc à l'État de droit, entendu comme un régime où l'autorité de la loi doit prévaloir en toutes circonstances et sur toute autre considération.

Toutefois, pour certains auteurs, l'antagonisme entre la raison d'État et l'État de droit n'est que superficiel, car la notion de raison d'État se serait en réalité métamorphosée progressivement au fil des époques, notamment au contact des idéologies dominantes. Aussi, sous les auspices du constitutionnalisme libéral et de son projet politique, à savoir l'État de droit, assisterait-on paradoxalement à une simple rationalisation de la raison d'État et non à son rejet ou à sa disparition. Un regard plus critique porté sur le droit positif contemporain permettrait donc d'établir que la raison d'État subsisterait dans l'ordre juridique sous des formes nouvelles, variées et inattendues.

Or, la justice pénale internationale est l'une des composantes de la stratégie globale de la Communauté internationale dans la recherche de la paix et de la sécurité, dans les relations entre Etats en même temps qu'à l'intérieur des Etats. Sous cet angle, l'on peut légitimement relativiser les critiques susmentionnées et s'autoriser à porter un regard plus nuancé (et peut-être même positif) sur la justice pénale internationale, que l'on peut alors considérer non seulement comme l'une des avancées notoires du droit international contemporain, mais aussi comme un moyen plus rationnel pouvant permettre de raisonner la raison d'Etat sur des bases juridiques et objectives[11].

Quels sont alors les éléments tangibles à partir desquels l'on peut objectivement prétendre que la justice pénale internationale est non seulement un instrument de dissuasion judiciaire de portée universelle, intégrant la stratégie globale de la Communauté internationale dans la recherche de la paix et de la sécurité dans le monde[12], mais aussi un moyen destiné à raisonner la raison d'Etat ?

Pour essayer d'étayer cette question, notre dispositif argumentatif se construit à partir de deux principaux éléments :

i. Un élément d'ordre statutaire

Il est possible de considérer que, de par son statut même et sa composition actuelle, la justice pénale internationale constitue un instrument de dissuasion judiciaire de portée universelle, tendant à raisonner la raison d'Etat et ce, en dépit de ses limites voire de ses

---

[11] Aussi, les poursuites, l'interpellation, la mise en accusation et la sanction (pénale), etc. doivent-elles se faire sur des bases objectives. Ce qui revient à proscrire les instances composées d'acteurs politiques, susceptibles de basculer dans l'idéologie ou la politisation des débats.

[12] TAVERNIER P., « Sécurité internationale, droit international humanitaire et droits de l'homme. Quelques réflexions sur le rôle des juridictions internationales », in *La sécurité internationale entre rupture et continuité* (Mélanges en l'honneur du professeur Jean François Guilhaudis), Bruxelles, Bruylant, 2007, pp. 541-558. Voir aussi à ce sujet : CARTUYVELS Y. & al., *Les droits de l'homme : bouclier ou épée du droit pénal*, Bruxelles, Bruylant, 2007.

graves lacunes sur lesquelles nous tâcherons bien évidemment de revenir.

ii. Un élément d'ordre opérationnel

De même, de par son statut et sa compétence matérielle, avec des incidences irréversibles sur ses compétences tant personnelle, temporelle que territoriale, l'on peut considérer que cette institution est un instrument de dissuasion judiciaire à l'échelle mondiale, avec des vertus prophylactiques indéniables[13]. Il ne serait alors pas exagéré de dire que la mise en œuvre de la justice pénale internationale contribue à limiter les actions illicites et autres violations graves, qui sont souvent commises au nom de l'intérêt supérieur de l'Etat.

La première conséquence que l'on peut d'ores et déjà tirer à ce stade de notre hypothèse d'analyse, ainsi que de la structure argumentative susmentionnée, est que la justice pénale internationale relève d'une politique criminelle universelle. Cette politique criminelle universelle est tout à fait en adéquation avec la volonté de la Communauté internationale, conformément aux buts et principes de celle-ci, tels qu'ils se dégagent de la Charte de l'Organisation des Nations Unies (ONU)[14]. En effet, si les crimes de guerre ont commencé à être réprimés dès la fin du XIX[è] siècle comme des crimes

---

[13] NOLLEZ-GOLDBACH R. & SAADA J., *La justice pénale face aux crimes de masse : approches critiques, op. cit.*
[14] Voir, entre autres, les dispositions préambulaires ainsi que les Chapitres I, V, VI, VII, XIV, etc., de la Charte onusienne.

internationaux, sur la base notamment du droit international humanitaire émergent, c'est seulement à partir des deux conflits mondiaux du XX^è siècle que va se développer progressivement une politique criminelle internationale visant à sanctionner universellement certains crimes considérés comme heurtant la conscience de l'humanité et dont les auteurs doivent répondre personnellement[15].

Ce processus d'incrimination à l'échelle mondiale de certains actes va se renforcer, notamment avec l'introduction expresse de la notion de « crime contre l'humanité » qui renvoie à un certain nombre de crimes internationaux. Les développements ultérieurs en matière de crimes contre l'humanité, avec une série d'instruments juridiquement contraignants[16] portant sur la répression du crime de génocide, les infractions graves aux lois et coutumes de guerre, la torture comme un crime international autonome, le crime de terrorisme ou encore les disparitions forcées, etc. Cette politique criminelle à l'échelle mondiale, qui tient pratiquement lieu de « législation pénale internationale », se traduit par la reconnaissance d'un certain nombre de critères à partir desquels un crime peut être qualifié de crime international, à savoir[17] :

---

[15] CASSESE A., SCALIA D. & THALMANN V., *Les grands arrêts de droit international*, Paris, Dalloz, 2010, pp. 127-129.
[16] Nous reviendrons sur ces différents instruments dans les développements qui suivent.
[17] CASSESE A., SCALIA D. & THALMANN V., *Les grands arrêts de droit international*, *op. cit.*, pp. 127-129.

a. Les crimes internationaux sont des crimes commis en violation des règles internationales, coutumières ou conventionnelles, pouvant entrainer la responsabilité internationale de l'Etat violateur. Le développement du droit international, depuis les Principes de Nuremberg, fait que ces violations peuvent entrainer également la responsabilité pénale individuelle des personnes qui les ont commises, en qualité d'agents officiels et ce, indépendamment d'une éventuelle responsabilité de l'Etat. Cependant, cela suppose la formation d'une règle en droit international qui confère à ces violations une responsabilité pénale individuelle ;

b. Les crimes internationaux doivent aussi remplir un certain nombre de critères propres, notamment :

- Le caractère systématique de la criminalité qui diffère de la criminalité individuelle ordinaire ;

- Le caractère grave de ces crimes en tant que violations de règles de droit international coutumier ou conventionnel ;

- Les règles violées doivent elles-mêmes consister à protéger des valeurs considérées comme fondamentales pour la Communauté internationale, étant donné que ces règles lient tous les Etats et tous les individus qui vivent sur leurs territoires ou sous leurs juridictions ;

- La répression de ces crimes doit représenter un intérêt universel, donc à l'égard de l'ensemble de la Communauté internationale, et, bien évidemment sous certaines conditions, les auteurs de tels crimes peuvent être poursuivis et punis par tout Etat, abstraction faite du territoire sur lequel ces crimes ont été commis et de la nationalité des auteurs ou des victimes ;

- Enfin, la non pertinence de l'immunité fonctionnelle devant les juridictions d'autres Etats, au cas où les auteurs de tels crimes auraient agi en qualité d'agents d'un Etat donné.

L'émergence progressive de la justice pénale internationale correspond à cette évolution majeure du droit international en matière de poursuites et de répression des crimes internationaux. A ce titre, la justice pénale internationale est en réalité investie d'une double mission, préventive incontestablement et curative le cas échéant. C'est donc cette double fonction, prophylactique et répressive, de la justice pénale internationale que nous entendons valoriser dans le cadre de cette réflexion qui part de l'idée selon laquelle, en amont comme en aval, cette institution tend à raisonner la raison d'Etat.

Mais il convient de relever d'ores et déjà que le mandat ainsi conféré à la justice pénale internationale est l'aboutissement d'un long processus dont il importe sans doute de remonter rapidement la généalogie aux fins de mieux situer l'objet et les enjeux de cette réflexion[18].

Généalogie de la question : De la légitimation de la guerre à la « guerre hors la loi »

Le 11 avril 2002 est née la Cour pénale internationale (CPI), qui entra en fonction le 1er juillet de la même année, transformant ainsi en réalité une bien vieille utopie, celle d'une justice pénale internationale dont la généalogie peut être remontée jusqu'aux traditions philosophiques les plus anciennes[19]. Mais ce vieux projet, aujourd'hui effectif, se rattache surtout au droit international pénal à partir de l'idée selon laquelle le conflit armé ne peut plus tout justifier[20], tout permettre et que la seule victoire militaire n'est pas une réponse suffisante aux crimes de masse qui touchent la Communauté internationale dans son ensemble, notamment en raison de leur monstruosité qui ne peut que heurter la conscience de l'humanité[21].

---

[18] HAZAN P., *La justice face à la guerre : de Nuremberg à La Haye*, Paris, Stock, 2000.
[19] GOYARD-FABRE S., *La construction de la paix ou le travail de Sisyphe*, Paris, Vrin, 1994 où elle évoque « la longue généalogie de l'idée de paix ».
[20] RAMONET I., *Géopolitique du chaos*, Gallimard, Paris, 1999, pp. 235-255.
[21] Cf. Préambule du Statut de Rome aux termes duquel les Etats parties rappellent avoir « […] *à l'esprit qu'au cours de ce siècle, des millions d'enfants, de femmes et d'hommes ont été victimes d'atrocités qui défient l'imagination et heurtent profondément la conscience humaine* », tout en reconnaissant que « […] *des crimes d'une telle gravité menacent la paix, la sécurité et le bien-être du monde* ». Aussi, les Etats parties affirment-ils que « […] *les crimes les plus graves qui touchent l'ensemble de la Communauté internationale ne sauraient rester impunis et que leur répression doit être*

Suivant une certaine approche de la question, on peut se croire autorisé à dire que l'histoire de la justice pénale internationale a commencé probablement avec le procès à Breisach en 1474 du Seigneur Peter Von Hagenback où 27 juges de nationalités différentes, et donc de systèmes juridiques et judiciaires différents, ont pu statuer côte à côte sur des faits particulièrement graves (pillages, homicides, tortures, etc.), considérés alors comme des violations de la « *loi universelle de Dieu et des hommes*[22] ».

Réapparue lors de la Première Guerre mondiale, notamment sous la pression de l'opinion publique[23] choquée par les atrocités commises par les Allemands[24], cette idée a trouvé un puissant relais parmi les juristes qui se sont mobilisés pour échafauder des plans de poursuites pénales. Ils ont ainsi exigé d'engager la responsabilité pénale des auteurs de ces crimes là où les colonnes des journaux réclamaient plus ou moins clairement la vengeance, par des récits terribles des exactions allemandes[25]. Les

---

effectivement assurée par des mesures prises dans le cadre national et par le renforcement de la coopération internationale ».

[22] Les juges étaient allemands, suisses et autrichiens. Ils ont condamné le Seigneur Peter Von Hagenback pour avoir « *violé la loi de Dieu et des hommes* ».

[23] A l'époque, il s'agissait essentiellement de l'opinion publique française et anglaise.

[24] Les réactions se multiplièrent : en France, le Sénat vota le 15 octobre 1918 une résolution exprimant clairement le désir de donner des suites judiciaires pouvant aboutir à la condamnation des auteurs de ces crimes, la justice étant la première condition de la paix. Pour le député de Lille, M. Delory, par exemple, ne pas réclamer justice serait un crime contre la France, voire un crime contre l'humanité dans son ensemble.

[25] BAZELAIRE J.-P. & CRETIN T., *La justice pénale internationale*, Presses universitaires de France, Paris, 2000, pp. 13 & s.

crimes de Guillaume II étaient d'une telle nature qu'il devait être jugé par un tribunal pénal international : « *Il faut une justice plus élevée, des débats plus retentissants, une scène plus grande*[26] », concluent Larnaude et Lapradelle, deux professeurs renommés de la Faculté de Droit de Paris, à qui l'on avait demandé un rapport pour la préparation du Traité de Versailles[27].

Le Traité de paix de Versailles, notamment en son article 227, consacre cette exigence de justice portée ainsi à son plus haut niveau[28] : la condamnation pénale des criminels de guerre était perçue à la fois comme devant assurer la réparation des souffrances des victimes, des destructions et des humiliations, mais aussi comme la phase ultime de la victoire[29]. Les peuples qui ont vécu les atrocités de cette grande guerre ne pouvaient se contenter d'un simple traité d'armistice[30] : il fallait aussi stigmatiser le génie du

---

[26] *Cf.* « Examen de la responsabilité pénale de l'empereur Guillaume II d'Allemagne », Paris, Clunet, 1919, p. 131.
[27] Il faut signaler, cependant, que bien avant le Traité de paix de Versailles au lendemain du premier conflit mondial, la déclaration commune entre la France, la Grande-Bretagne et la Russie, publiée le 18 mai 1915 après le génocide arménien, dénonçait déjà les nouveaux crimes de la Turquie comme des crimes commis « *contre l'humanité et la civilisation* ».
[28] Pour plus de details, voir : LEWIS M., *The Birth of the New Justice - The Internationalization of Crime and Punishment, 1919-1950*, Oxford, 2014.
[29] BAZELAIRE J.-P. & CRETIN T., *La justice pénale internationale, op. cit.*, pp. 13 & s.
[30] L'allusion est ici faite, sans doute, à l'armistice du 11 novembre 1918 qui a provisoirement mis un terme à la Première Guerre mondiale. En effet, c'est seulement avec le Traité de Versailles du 28 juin 1919 qu'il sera mis fin définitivement à ce conflit armé international.

mal par un signe perceptible et clair, un jugement et une condamnation[31].

Il est à noter que l'article 228 du Traité de paix de Versailles a déjà consacré une forme de responsabilité personnelle des auteurs de ces crimes commis en violation des lois et coutumes de guerre, d'une part, et la primauté de la justice internationale sur les juridictions nationales, d'autre part. En effet, en vertu de cet article, le « *Gouvernement allemand reconnaît aux puissances alliées et associées la liberté de traduire devant leurs tribunaux militaires les personnes accusées d'avoir commis des actes contraires aux lois et coutumes de la guerre. Les peines prévues par les lois sont appliquées aux personnes reconnues coupables. Cette disposition s'appliquera nonobstant toutes procédures ou poursuites devant une juridiction de l'Allemagne ou de ses alliés*[32] ».

Aux termes de l'alinéa 2 de cet article, il est fait injonction à l'Allemagne d'extrader les auteurs de ces crimes pour être jugés par la justice internationale envisagée à cet effet par les puissances alliées. Aussi, le Gouvernement allemand devra-t-il « [...] *livrer aux puissances alliées et associées, ou à celle d'entre elles qui lui en adressera la requête, toutes personnes qui, étant accusées d'avoir commis un acte contraire aux lois et coutumes de la guerre, lui seraient désignées soit nominativement, soit par le grade, la fonction ou l'emploi auxquels les personnes auraient été affectées par les autorités allemandes* ».

---

[31] BAZELAIRE J.-P. & CRETIN T., *La justice pénale internationale, op. cit.*, pp. 13 & s.
[32] Alinéa 1er.

On sait ce qu'il advint : le refus (souverain !) des Pays-Bas de livrer Guillaume II rendit logiquement son procès impossible. Mais cet échec diplomatique, dû à la non-application de l'article 227 du traité de paix susmentionné, n'a pas empêché la poursuite active de la réflexion en vue de l'élaboration d'un droit pénal spécifique et de la mise sur pied d'une instance juridictionnelle internationale à même de juger à un niveau universel les atteintes les plus graves au « *droit des gens*[33] ». Pour sa part, l'Association internationale de droit pénal (AIDP) a proposé dès 1927 à la Société des Nations (SDN) la création d'une chambre criminelle de la Cour permanente de justice internationale[34] (CPJI).

C'est dire que si l'article 227 du Traité de Versailles précité n'a jamais été appliqué, le projet dont il était porteur a été par contre à la source d'une intense fermentation d'idées, notamment avec les travaux des juristes de renom tels que :

- Le Professeur Vespasien Pella, Doyen de l'Université de Bucarest ;

- Jean Graven, Recteur, Doyen et professeur de droit pénal à l'Université de Genève ;

- Henri Donnedieu de Vabres, Doyen de l'Université de Paris ;

---

[33] *Cf.* « Actes du premier Congrès international de droit pénal », Bruxelles, 26-29 juin 1926.
[34] *Cf. Revue internationale de droit pénal*, vol. 5, 1928.

- Stefan Glaser, Professeur de droit à l'Université de Bruxelles, etc.

Henri Donnedieu de Vabres, qui est sans doute l'un des plus actifs d'entre eux, a travaillé sur les grandes questions relatives à la compétence internationale sous plusieurs aspects, notamment : la compétence territoriale, personnelle et réelle en examinant tour à tour l'application par les juridictions nationales d'un Etat des lois pénales d'un autre Etat, le régime juridique de l'extradition, les conséquences internationales des jugements [35], etc. Il aborde également les questions liées à l'universalité du droit de punir, la collaboration entre Etats dans la recherche, l'arrestation et le jugement des criminels ainsi que la notion de « Communauté internationale » en droit pénal et les limites dues à la souveraineté des Etats[36].

Avec la Deuxième Guerre mondiale, le châtiment des grands criminels devient l'un des buts majeurs de la guerre[37] et c'est ainsi que la première juridiction véritablement internationale fut instituée par les Alliés en 1945. Cependant, le Tribunal militaire international (TMI) *ad hoc* de Nuremberg n'a pas été créé *ex nihilo*, après la victoire des Alliés. En effet, durant tout le conflit, les Alliés et les représentants des

---

[35] BAZELAIRE J.-P. & CRETIN T., *La justice pénale internationale, op. cit.*, pp. 13 & s.
[36] DONNEDIEU DE VABRES H., *Les principes modernes du droit pénal international*, Sirey, 1928, pp. 403 & s.
[37] Déclaration de W. Churchill à la Chambre de Communes le 23 octobre 1942.

gouvernements en exil avaient envisagé, à l'occasion de différentes rencontres, le sort qui serait réservé aux criminels nazis en cas de victoire. L'idée de juger les responsables des crimes nazis n'était d'ailleurs pas de l'avis de tous, quand on sait que le Britannique Winston Churchill avait envisagé dans un premier temps de pourchasser les criminels allemands et de les exécuter, purement et simplement, comme cela pouvait tout à fait se faire à l'époque.

Cependant, aux conférences de Moscou et de Téhéran en 1943, de Yalta et de Postdam en 1945, les trois grandes puissances d'alors (les Etats-Unis d'Amérique, l'Union des Républiques socialistes soviétiques et la Grande-Bretagne) se sont accordées pour que soient jugés et punis les responsables des crimes de guerre. C'est ainsi que fut créé le Tribunal militaire international *ad hoc* de Nuremberg, par l'Accord de Londres du 8 août 1945 entre les quatre puissances : les trois précitées et la France.

Le Tribunal militaire international *ad hoc* de Nuremberg se vit attribuer la compétence pour juger principalement trois catégories de crimes, commis entre 1939 et 1945 : les crimes contre la paix, les crimes de guerre et les crimes contre l'humanité.

a. Les crimes contre la paix

Ces crimes sont envisagés sous trois angles, notamment :

- La direction, la préparation, le déclenchement ou encore la poursuite d'une guerre d'agression. Il est à préciser que suivant l'Accord de Londres et les Principes de Nuremberg, le fait d'avoir été chef d'Etat ou assumé des hautes responsabilités au niveau gouvernemental ne peut être une excuse ou une source d'atténuation des sanctions[38]. Ainsi, le Tribunal militaire international *ad hoc* de Nuremberg a estimé qu'il était « [...] *faux de présenter comme injuste le châtiment infligé à ceux qui, au mépris d'engagements et traités solennels, ont, sans avertissement préalable, assailli un Etat voisin. En pareille occurrence, l'agresseur sait le caractère odieux de son action. La conscience du monde, bien loin d'être offensée, s'il est puni, serait choquée s'il ne l'était pas*[39] [...] ». De même, le fait d'avoir agi sur ordre d'un supérieur hiérarchique ne peut décharger un accusé de ses responsabilités, tout au plus atténuer la peine encourue, dès lors que cet ordre est manifestement illicite ;

---

[38] Le principe du « défaut de pertinence de la qualité officielle » (article 7 du Statut de Nuremberg), sera également contenu dans le Statut du TMI *ad hoc* de Tokyo (article 6), avant d'être repris systématiquement par les statuts des juridictions pénales internationales contemporaines, notamment .
- Article 6, alinéa 2 du Statut du TPIY ;
- Article 7, alinéa 2 du Statut du TPIR ;
- Article 6, alinéa 2 Statut du Tribunal spécial pour la Sierra-Léone (TSSL) ;
- Article 27 du Statut de la CPI, etc.

[39] CASSESE A., SCALIA D. & THALMANN V., *Les grands arrêts de droit international*, *op. cit.*, p. 98.

- La guerre en violation des traités, des assurances ou autres accords internationaux. A ce titre, le Tribunal international *ad hoc* de Nuremberg a également estimé que « [...] *les accusés (ou du moins certains d'entre eux) connaissaient les traités, signés par l'Allemagne, qui proscrivaient le recours à la guerre pour régler les différends internationaux ; ils savaient que la guerre d'agression est mise hors la loi par la plupart des Etats du monde, y compris l'Allemagne elle-même ; c'est en pleine connaissance de cause qu'ils violaient le droit international quand, délibérément, ils donnaient suite à leurs intentions agressives, à leurs projets d'invasion*[40] » ;

- La participation à un plan concerté ou à un complot destiné à accomplir l'un quelconque des cas susvisés[41].

b. Les crimes de guerre

Ce sont des crimes commis en violation des lois et coutumes de la guerre et ces violations englobent[42] :

- L'assassinat, les mauvais traitements et la déportation des populations civiles des territoires occupés, quels que soient les buts recherchés ;

---

[40] *Idem*.
[41] Article 6 a) des Principes de Nuremberg.
[42] Les quatre Conventions de Genève de 1949 et les deux Protocoles additionnels de 1977 permettront de préciser le contenu opérationnel de ces crimes de guerre, notamment au travers des « infractions graves » au droit international humanitaire.

- L'assassinat ou les mauvais traitements des prisonniers de guerre ou encore des personnes en mer ;

- L'exécution des otages, le pillage des biens publics ou privés, la destruction sans motif des villes et des villages ou la dévastation non justifiée par les exigences militaires[43].

En réalité, le Tribunal de Nuremberg n'a pas pu juger de toutes les violations du droit de la guerre, commises entre 1939 et 1945, comme on devait s'y attendre[44]. Il s'est contenté de réprimer les violations commises contre les personnes se trouvant au pouvoir de l'« ennemi », notamment les mauvais traitements, les actes de torture, les assassinats, etc. de prisonniers de guerre et de civils (globalement, les infractions au *jus in bello*). Par contre, les actes commis en violations du *jus ad bellum* (le « droit de La Haye »), notamment les bombardements ou l'utilisation d'armes interdites, n'ont pas été réprimés[45].

Tout cela a certainement contribué à conforter la fameuse thèse d'une justice des vainqueurs ou d'une stratégie de poursuite de la guerre sur le plan judiciaire ! Mais, en même temps, le fait même d'avoir préféré juger les vaincus n'était-il pas déjà un signe de progrès par rapport aux pratiques de l'époque ?

---

[43] Article 6 b) des Principes de Nuremberg.
[44] CASSESE A., SCALIA D. & THALMANN V., *Les grands arrêts de droit international*, Paris, Dalloz, 2010, pp. 146-148.
[45] DAVID E., *Principes de droit des conflits armés*, Bruxelles, Bruylant, 2002, 3ᵉ édition, pp. 712-713.

Aussi, si l'Allemagne hitlérienne avait gagné cette guerre, pouvait-on s'attendre à ce qu'elle juge ses ennemis, avec toutes les garanties judiciaires que l'on a prévues dans le cadre des Principes de Nuremberg ?

Quoi que l'on en dise, les procès de Nuremberg auront servi de référence aux développements ultérieurs du droit international pénal contemporain. En effet, les principes reconnus par la jurisprudence de Nuremberg en matière de crimes de guerre seront davantage développés et précisés par l'adoption des quatre Conventions de Genève de 1949, qui seront elles-mêmes complétées par une série d'instruments juridiques réglementant le droit des conflits armés[46]. Une évolution qui va se poursuivre avec la création des tribunaux pénaux internationaux pour l'ex-Yougoslavie et pour le Rwanda, en reprenant entre autres la notion d'« *infractions graves* » au droit international humanitaire (TPIY) ou encore de « *violations graves de l'article 3 commun aux Conventions de Genève* » (TPIR, certainement en raison du caractère non international du conflit armé rwandais[47]).

c. Les crimes contre l'humanité

Ces crimes sont définis comme suit :

- L'assassinat, l'extermination, la réduction en esclavage, la déportation ou tout autre acte

---

[46] CASSESE A., SCALIA D. & THALMANN V., *Les grands arrêts de droit international*, *op. cit.*, pp. 148.
[47] *Idem.*

inhumain commis contre les populations civiles ;

- Ou bien les persécutions politiques, raciales ou religieuses, lorsque ces actes ou persécutions sont commis à la suite d'un crime contre la paix ou d'un crime de guerre ou en liaison avec ces crimes[48].

Il importe de relever qu'au vu des Statuts respectifs des tribunaux internationaux *ad hoc* (1945 et 1946), les crimes contre l'humanité ne doivent être commis qu'en temps de guerre ; ce qui les lie aux deux autres catégories de crimes, notamment les crimes de guerre et les crimes contre la paix[49]. Cette approche sera reconsidérée avec les évolutions ultérieures du droit international pénal ainsi que de la jurisprudence des tribunaux internationaux et mixtes qui font que les crimes contre l'humanité sont punissables en tant que tels, qu'ils aient été commis en temps de guerre ou en temps de paix[50].

Les procès de Nuremberg et ceux de Tokyo furent, en quelque sorte, les conséquences logiques de la guerre ! Mais ils sont aussi, et sans conteste, une étape inaugurale décisive dans le processus de développement de la justice pénale internationale,

---

[48] Article 6 c) des Principes de Nuremberg.
[49] Article 6c) des Principes de Nuremberg.
[50] CASSESE A., SCALIA D. & THALMANN V., *Les grands arrêts de droit international, op. cit.*, pp. 183-184. Voir notamment : TPIY, Procureur c. Tadic, Chambre d'appel, arrêt du 2 octobre 1995 relatif à l'appel de la défense concernant l'exception préjudicielle d'incompétence (§141).

ayant valeur de précédent[51] et servant de référence à pratiquement tous les procès ultérieurs[52].

A la première audience du procès de Nuremberg, Robert Jackson fait une déclaration liminaire restée célèbre : « *Le privilège d'ouvrir le premier procès dans l'histoire des crimes contre la paix du monde est une grande responsabilité*[53] ». Et de poursuivre : « *Les quatre grandes nations victorieuses (...) retiennent le bras de la vengeance et soumettent volontairement leurs ennemis au jugement de la loi*[54] ». Il conclut son adresse par cette mise en garde solennelle : « *Les crimes que nous cherchons à condamner et à punir ont été à ce point prémédités, pervers et dévastateurs que la civilisation ne peut tolérer qu'ils soient ignorés car on ne pourrait survivre s'ils étaient réitérés*[55] ».

Cependant, la *real politik* liée à la Guerre froide a très vite repris le dessus, mettant une longue parenthèse au processus d'émergence de la justice pénale internationale, coupant court à l'enthousiasme né des procès de Nuremberg et de Tokyo. La logique judiciaire et la logique politique vont donc entrer en contradiction et c'est ainsi que de multiples stratégies juridiques furent ingéniées, dès les années 1950, pour réduire les peines des personnes condamnées par ces deux juridictions internationales *ad hoc*. Ce qui eut

---

[51] LAMBOIS C., *Droit pénal international*, 2è éd., Paris, Dalloz, 1979, p. 157.
[52] CASSESE A., SCALIA D. & THALMANN V., *Les grands arrêts de droit international, op. cit.*, pp. 125-281.
[53] Déclaration prononcée le 21 novembre 1945.
[54] *Idem*.
[55] *Ibid*.

pour conséquence la mise en sommeil de toute idée d'une juridiction pénale internationale, exception faite de quelques cas en droit interne, comme les procès Eichmann en 1961 à Jérusalem (Israël) et Barbie en 1987 à Lyon (France) [56], etc. Il s'est agi de cas de poursuites pour cause de crimes contre l'humanité certes, mais devant des instances juridictionnelles nationales : la justice israélienne pour le procès d'Eichmann et la justice française pour celui de Klaus Barbie.

De vives polémiques ont été engagées à ce sujet, notamment concernant le Tribunal militaire international de Tokyo [57], que les Chinois, par exemple, ont dénoncé pour au moins trois motifs principaux :

- Tout d'abord, le principal responsable des crimes commis par l'armée japonaise, l'empereur Hiro-Hito, n'a pas été jugé ;

---

[56] Il s'agit des cas de poursuites pour cause de crimes contre l'humanité certes, mais devant une instance juridictionnelle nationale : israélienne pour le cas Eichmann et française pour celui de Barbie.

[57] Sur les 28 criminels de guerre poursuivis et jugés, deux sont morts de causes naturelles au cours de leur procès et un troisième sera remis en liberté en 1948 pour un problème de santé (mentale) ; les 25 autres ont été tous condamnés, le tribunal n'ayant prononcé aucun acquittement. Cependant, certains condamnés (14 sur 25) ont bénéficié de la libération sur parole à partir de 1950. Certains d'entre eux, comme Mamoru Shigemitsu (ancien ministre des affaires étrangères et ancien ambassadeur du Japon en Union Soviétique et en Grande-Bretagne, mais aussi signataire aux côtés du général Umezu Yoshigiro de l'acte de reddition en 1945), ont même continué normalement leurs activités politiques. Libéré sur parole en 1950, Mamoru Shigemitsu a repris normalement ses activités politiques et a même reçu le portefeuille de la diplomatie japonaise en 1954.

- Ensuite, de nombreux criminels de guerre japonais ont été relâchés par les forces américaines sans aucun procès ;

- Enfin, les médecins de la tristement célèbre « Unité 731 » n'ont pas connu de soucis judiciaires en tant que tels et ont même continué, pour certains d'entre eux en tout cas, à vivre tranquillement au Japon.

Les raisons d'un tel revirement peuvent s'expliquer entre autres par le fait que le Japon allait devenir, entre temps, le plus grand allié stratégique et le partenaire économique de premier rang des Etats-Unis dans la région.

Cependant, depuis la fin de la Guerre froide, avec les événements dramatiques successifs dans les Balkans et dans plusieurs régions d'Afrique, en particulier le génocide perpétré contre les Tutsi rwandais, mais aussi l'émergence d'une société civile mondiale plus dynamique et mieux organisée[58], l'idée d'une justice pénale internationale est revenue dans les débats au sein des instances internationales. Devenue l'un des enjeux majeurs de la politique internationale post-Guerre froide, la perspective d'une justice pénale internationale va progressivement reprendre forme. Ainsi en est-il de la

---

[58] En particulier les organisations non gouvernementales (ONG), véritables contre-pouvoirs mobiles et transnationaux, capables de faire passer certaines grandes décisions internationales comme ce fut justement le cas lors de l'adoption du Traité de Rome (Italie) du 17 juillet 1998, portant création de la Cour pénale internationale (CPI).

création des tribunaux pénaux internationaux *ad hoc* pour l'ex-Yougoslavie et pour le Rwanda, suite aux drames que ces deux pays ont connus, et l'adoption du Traité de Rome du 17 juillet 1998, portant création de la Cour pénale internationale, qui ont rendu irréversible le processus d'émergence d'une juridiction pénale internationale et permanente.

L'année 1999 aura sans doute été le tournant décisif, avec deux événements majeurs qui vont profondément bouleverser la conception traditionnelle du droit international et de la souveraineté étatique, née de la vision westphalienne[59] des relations internationales.

Tout d'abord, la décision des Lords britanniques, le 24 mars 1999, de récuser l'immunité du général Augusto Pinochet[60], d'une part, et l'engagement des

---

[59] En référence au Traité de Westphalie de 1648, fondateur de la politique internationale des Etats et axé sur le sacro-saint principe de la souveraineté de l'Etat. En substance, ce traité confère à l'Etat en tant qu'entité politique souveraine deux attributs essentiels, à savoir :
- Le *dominium* (ou le pouvoir domanial de l'Etat), qui implique l'exclusivité et la plénitude de sa compétence sur le territoire national. Ce pouvoir domanial correspond à ce que l'on appelle également la « souveraineté puissance » ;
- L'*imperium* (ou le pouvoir impérial de l'Etat), qui est le droit de faire la paix et/ou la guerre. Ce pouvoir impérial reconnu à l'Etat correspond à ce que l'on appelle également la « souveraineté liberté », qui implique la libre orientation de sa politique internationale.

[60] Cette décision se fonde notamment sur l'évolution du droit international, tant conventionnel que coutumier, qui introduit la répression universelle de certains actes, sur la base du principe de la compétence universelle. Une telle compétence « *donne vocation à juger une infraction aux tribunaux de l'État sur le territoire duquel le délinquant est arrêté ou se trouve même passagèrement, quels que soient le lieu de commission*

forces de l'Organisation du Traité de l'Atlantique Nord (OTAN)[61] dans une opération militaire en ex-Yougoslavie pour mettre fin à ce qui avait tout l'air d'une campagne de purification ethnique au Kosovo[62], d'autre part.

Ces deux faits historiques sont aussi deux atteintes majeures au sacro-saint principe de la souveraineté de l'Etat : l'une judiciaire, l'autre politico-militaire et ce, au nom du combat contre l'impunité et de la sanction internationale des crimes contre l'humanité[63]. Il est à noter cependant qu'en contournant l'autorité du Conseil de sécurité de l'Organisation des Nations Unies (ONU), cette campagne lancée par l'OTAN au Kosovo avait pris les allures d'une révolution dans le droit international, inaugurant une avancée sur un terrain risqué, avec de nombreuses surprises et des embûches[64].

Prenant prétexte des exactions commises dans la province du Kosovo par les troupes serbes, l'OTAN a

---

de l'infraction et la nationalité de l'auteur ou de la victime » (voir à ce sujet : HUET A. & KOERING-JOULIN R., *Le droit pénal international*, Paris, PUF, Collection Thémis, 1993, p. 190).
[61] Organisation du Traité de l'Atlantique Nord.
[62] RAMONET I., *Géopolitique du chaos*, Gallimard, Paris, 1999, pp. 235-255.
[63] GARAPON A., *Les crimes qu'on ne peut ni punir ni pardonner*, op. cit., p. 11.
[64] L'intervention américaine en Irak pour renverser la dictature de Saddam Hussein et les débats y relatifs le montrent assez bien. En effet, prenant prétexte à la fois de la brutalité et de la dangerosité du régime saddamiste pour les Irakiens eux-mêmes et pour les Etats voisins de l'Irak, le président américain George Bush a développé un discours - non pas juridique, axé sur la légalité internationale - mais a usé plutôt des catégories morales telles que : « Axe du Mal », « *Combat pour le Bien* », etc. qui relèvent de la rhétorique traditionnelle de la « guerre juste ».

avancé des arguments à la fois d'ordre humanitaire, moral et même civilisationnel[65]. Au nom du droit, voire du devoir, d'ingérence humanitaire, considéré d'ailleurs comme moralement supérieur à tout autre principe, l'OTAN n'a pas hésité à transgresser deux principes majeurs du droit international : la souveraineté des Etats et les statuts des Nations Unies. Effectuées au nom du droit et du devoir d'ingérence humanitaire, ces deux transgressions, c'est-à-dire le non-respect de la souveraineté étatique doublé du contournement du Conseil de sécurité des Nations Unies dont le magistère a ainsi été remis en question, ont posé problème dans la pratique internationale.

En effet, comment concilier de façon légitime les préoccupations humanitaires susvisées et l'usage de la force, tout en respectant la légalité internationale dont les Nations Unies sont justement le dépositaire[66] ? Deux ans plus tard, pour la première fois dans l'histoire du droit international, un chef d'Etat encore en exercice (en l'occurrence le Président de la République Fédérative de Yougoslavie, Slobodan Milosevic) s'est vu notifier sa mise en accusation pour des faits de crimes contre l'humanité par une juridiction pénale internationale et son procès s'est ouvert dès le 12 octobre 2001[67].

---

[65] C'est « *un combat pour la civilisation* », a déclaré le Premier ministre français d'alors, Lionel Jospin (*Le Monde* du 22 mai 1999).
[66] RAMONET I., *Géopolitique du chaos, op. cit.*
[67] GARAPON A., *Les crimes qu'on ne peut ni punir ni pardonner, op. cit.*, p. 11. Il est à préciser que Milosevic décèdera au Centre de détention des Nations Unies aux Pays-Bas, à La Haye (dans le quartier de Scheveningen), le 11 mars 2006, avant la fin de son procès.

La naissance effective de la Cour pénale internationale le 11 avril 2002[68] (dont le siège est à La Haye, aux Pays-Bas) malgré les réticences, puis les pressions de certains Etats, dont les plus puissants d'entre eux, son entrée en fonction au cours de la même année[69] sanctionnée par l'élection de 18 juges issus des cinq continents[70], mais aussi de différents systèmes ou traditions juridiques et judiciaires, ont considérablement marqué les esprits. La nomination d'un procureur général, en la personne de Luis Moreno-Ocampo, est venue s'ajouter au couronnement de cette vieille utopie qui visait à

---

[68] Après que l'on ait réuni les 60 ratifications nécessaires, conformément aux dispositions de l'article 126 du Statut de Rome aux termes duquel : « 1. *Le présent Statut entrera en vigueur le premier jour du mois suivant le soixantième jour après la date de dépôt du soixantième instrument de ratification, d'acceptation, d'approbation ou d'adhésion auprès du Secrétaire général de l'Organisation des Nations Unies.*
2. A l'égard de chaque Etat qui ratifie, accepte ou approuve le présent Statut ou y adhère après le dépôt du soixantième instrument de ratification, d'acceptation, d'approbation ou d'adhésion, le statut entre en vigueur le premier jour du mois suivant le soixantième jour après le dépôt par cet Etat de son instrument de ratification, d'acceptation, d'approbation ou d'adhésion ».
[69] La Cour pénale internationale est devenue effective depuis le 1er juillet 2002.
[70] Les 18 juges qui composaient la Cour pénale internationale au moment de sa création étaient : René Blattmann (Bolivie), Maureen Harding Clark (Irlande), Fatoumata Dembele Diarra (Mali), Adrian Fulford (Royaume-Uni), Karl T. Hudson-Phillips (Trinidad & Tobago), Claude Jorda (France), Hans-Peter Kaul (Allemagne), Philippe Kirsch (Canada), Erkki Kourula (Finlande), Akua Kuenyehia (Ghana), Elizabeth Odio Benito (Costa Rica), Gheorghis M. Pikis (Chypre), Navanethem Pillay (Afrique du Sud), Mauro Politi (Italie), Tuiloma Neroni Slade (Samoa), Sang-Hyun Song (Corée du Sud), Sylvia H. de Figueiredo Steiner (Brésil), Anita Usacka (Lettonie). Ce qui représente, par groupes régionaux : Afrique (3 juges), Asie (3 juges), Europe de l'Ouest et Etats assimilés (7 juges), Europe de l'Est (1 juge), Amérique du Sud & Caraïbes (4 juges).

contenir la violence et à « *déclarer une guerre mondiale contre les grands crimes*[71] », commis généralement au nom de la raison d'Etat ou de l'intérêt supérieur de l'Etat.

Toutefois, pour accomplir son dessein et donner pleine satisfaction à tous ceux qui fondent leurs espoirs en elle, notamment les victimes et les défenseurs des droits de l'homme, la justice pénale internationale doit pouvoir se libérer de toute tutelle et ne connaître de limites ni dans l'espace ni dans le temps[72], et donc s'autoriser à juger pour ainsi dire, par-delà les frontières étatiques [73]. Comment y procéder, *in concreto*, sans compter avec les principes

---

[71] Le caractère illégal de la guerre a lui-même connu un long parcours qui remonte probablement à l'Antiquité. En effet, si la pensée antique et médiévale glorifie le combat, le rationalisme classique tente de cerner les contours de la « guerre juste », le siècle des Lumières construit des projets de paix, le Pacte Briand-Kellog interdit la guerre et le XXè siècle met sa foi dans l'organisation d'une communauté internationale qu'il appelle de tous ses vœux… L'article 2, alinéa 4 de la Charte des Nations Unies dispose en effet : « *Les Membres de l'Organisation s'abstiennent, dans leurs relations internationales, de recourir à la menace ou à l'emploi de la force, soit contre l'intégrité territoriale ou l'indépendance politique de tout Etat, soit de toute autre manière incompatible avec les buts des Nations Unies* ».
Dans *Paix et guerre entre les nations* (Paris, Calmann-Lévy, 1962, p. 121), Raymond ARON écrit à juste titre : « *Tant de morts, tant de destructions matérielles, tant d'horreurs ne pouvaient plus être acceptées comme conformes au train des affaires humaines ; la guerre ne devait plus être un épisode des rapports interétatiques. Elle devait être, au sens propre du terme, être mise hors la loi* ». Cependant, la Cour pénale internationale n'a pas pour vocation, ni prétention, d'enrayer la violence guerrière, mais simplement d'en punir les excès.
[72] Se reconnaissant ainsi compétente pour juger l'Histoire en raison du caractère imprescriptible des crimes internationaux dont elle a désormais la responsabilité en termes de sanction.
[73] DEPREZ C., *L'applicabilité des droits humains à l'action de la Cour pénale internationale*, Bruxelles, Bruylant, 2016.

et les pratiques qui ont gouverné jusque-là le droit international et les relations internationales ?

Dans tous les cas, on aurait tort de considérer cette instance juridictionnelle internationale comme une simple institution judiciaire alors qu'elle consacre avant tout une idée fondamentale : celle d'un universalisme juridique et judiciaire à même de transcender les souverainetés étatiques[74]. En effet, le support même de la justice pénale internationale, c'est à la fois l'idée et l'espoir de réunir le monde autour d'un certain nombre de valeurs axiales considérées comme universelles, à l'aune desquelles on pourrait juger l'Histoire et non se laisser juger par elle[75].

Cela est-il toujours possible au vu de la pratique internationale actuelle et, dans l'affirmative, à quelles conditions et avec quelles possibilités réellement ? Est-il raisonnable, compte tenu des tensions politiques et idéologiques récurrentes au sujet de ces mêmes valeurs universelles, y compris certaines d'entre elles qui sont même considérées comme des normes impératives au sens de *jus cogens* et au nom desquelles la justice pénale internationale doit opérer ? Cela est-il toujours souhaitable, compte tenu notamment des risques possibles d'instrumentation d'un tel outil[76] ?

---

[74] CHIAVARIO M. (dir.), *La justice pénale internationale entre passé et avenir*, Milan, Giuffrè Editore, 2003.
[75] GARAPON A., *Des crimes qu'on ne peut ni punir ni pardonner, op. cit.*, p. 49.
[76] DELMAS-MARTY M., *Trois défis pour un droit mondial*, Paris, Seuil, 1998, pp. 7-12.

Pour pouvoir développer notre argument de base, à savoir qu'en dépit des difficultés d'ordre pratique et des lacunes parfois graves, la justice pénale internationale peut être néanmoins considérée comme un instrument idoine de dissuasion judiciaire de portée universelle à même de raisonner efficacement la raison d'Etat, nous envisageons deux niveaux de raisonnement :

- En raison de son statut même et des missions qui lui sont dévolues [77], tenant également compte de sa structuration actuelle qui en fait un instrument multidimensionnel de dissuasion judiciaire de portée universelle, la justice pénale internationale correspond à une évolution du droit international tendant à reconsidérer la souveraineté étatique et, par conséquent, à raisonner la raison d'Etat sur des bases juridiques rationnelles (Première Partie) ;

- Cependant, au vu des réalités observables dans sa mise en œuvre effective et en tenant dûment compte de la pratique internationale actuelle marquée parfois par un recours/retour à une conception quelque peu rigide et westphalienne de la souveraineté que l'on a pensée un temps comme étant définitivement

---

[77] GRECIANO Ph. (avec ARBIA S.), « Cour pénale internationale et médiation contre la culture de l'impunité », In *Justice et droits de l'homme. Les enjeux de la médiation internationale*, Mare & Martin, 2015, pp. 33-53. Voir aussi notre article : « La pertinence opératoire de la justice pénale internationale : vers un universalisme juridique toujours inachevé », *Revue trimestrielle des droits de l'homme*, 64/2005, pp. 955-978.

révolue, la capacité de la justice pénale internationale à transcender la raison d'Etat relève souvent d'un exercice délicat, voire périlleux, qui met parfois à mal son autorité universelle et son effectivité (Deuxième Partie).

Première Partie
Un instrument multidimensionnel de dissuasion judiciaire universelle

« La justice pénale internationale, par sa seule présence, insécurise tous les pouvoirs du monde – les autocratiques comme les démocratiques – en leur signalant qu'ils ne seront jamais complètement quittes[78] »

En quoi la justice pénale internationale est-elle, d'un point de vue statutaire, un outil de dissuasion judiciaire universelle et un instrument à même de raisonner la raison d'Etat ? En effet, dans sa mise en œuvre effective, la justice pénale internationale se décline sous trois modalités statutaires principales qui tendent toutes à limiter les risques de commission des crimes internationaux ou d'autres formes de violations graves des droits de l'homme au nom de la raison d'Etat.

Cette dimension statutaire renvoie au fameux principe de la compétence universelle de juridiction qui est un mécanisme plutôt transversal (I) ainsi qu'aux tribunaux pénaux internationaux, sur le modèle de ceux pour l'ex-Yougoslavie et pour le Rwanda, qui relèvent du système des mécanismes *ad*

---

[78] GARAPON A., *Des crimes qu'on ne peut ni punir ni pardonner, op. cit.*, pp. 345-346. Dans le même paragraphe, qui conclut l'ouvrage, l'auteur précise toutefois que la justice pénale internationale inquiète aussi les militants des droits de l'homme, « [...] *en leur fixant une destination* [...] *sans leur en donner la carte* » (p. 346).

hoc (II). Aujourd'hui, elle renvoie surtout à la Cour pénale internationale qui, de toute l'histoire de l'humanité, est la première et unique juridiction internationale pénale permanente à vocation universelle (III).

I. Un mécanisme transversal :
La compétence universelle de juridiction

Il est de notoriété publique que le principe de base en matière pénale reste le principe de territorialité (traditionnellement, les seules exceptions, bien évidemment sous certaines conditions, étant celles liées à la nationalité de l'auteur du fait criminel ou de sa victime, ou encore aux intérêts directs de l'Etat). Or, avec la compétence universelle de juridiction, il n'est nullement nécessaire d'établir un lien quelconque entre l'Etat de poursuites et l'auteur présumé du fait criminel ou sa victime. De même, l'Etat qui engage des poursuites n'est pas tenu d'apporter la preuve de l'intérêt particulier qu'il aurait à agir[79], comme il est traditionnellement requis en droit international. C'est, entre autres, ce qui ressort des affaires Augusto Pinochet et Hissein Habré, auxquelles l'on peut ajouter bien d'autres affaires, notamment les affaires

---

[79] V. Cour internationale de justice (arrêt du 5 février 1970, Affaire *Barcelona Traction Light and Power Compagny*, Belgique c. Espagne, Rec. 1970, p. 3).

Jean-François Ndengue [80], Ely Ould Dah [81], Mouammar Kadhafi[82], etc.

La compétence universelle de juridiction confère donc à tout Etat, bien évidemment sous certaines conditions, l'autorité et même l'obligation de poursuite à l'encontre de toute personne soupçonnée de crimes particulièrement graves qui heurtent la conscience de l'humanité, même en l'absence des critères traditionnels de rattachement [83]. C'est un

---

[80] Crim., 10 janvier 2007, Pourvoi n°04-87245 ; Crim., 9 avril 2008, Pourvoi n°7-86412.
[81] V. Cour européenne des droits de l'homme, 30 mars 2009 (affaire Ould Dah c. France).
[82] Cour d'appel de Paris, 20 octobre 2000 (Cour de cassation, 13 mars 2001, infirmant la décision susvisée de la Chambre d'accusation de la Cour d'appel).
[83] Traditionnellement, il existe des possibilités pour l'Etat d'agir pour les crimes commis hors du territoire national, notamment :
- *La compétence personnelle active* : cette procédure consiste à engager des poursuites contre un national auteur d'un fait criminel survenu à l'étranger et qui n'a pas fait l'objet de poursuites dans le pays où ce crime a été commis. Peu importe ici la nationalité de la victime, l'auteur des faits criminels peut être poursuivi dès lors qu'il se (re)trouve sur le territoire national de l'Etat dont il est le ressortissant ;
- *La compétence personnelle passive* : ce procédé permet à l'Etat dont le ressortissant a été victime d'un crime commis à l'étranger, notamment par un étranger, d'engager des poursuites contre l'auteur de ces faits si celui-ci n'a pas été jugé par son propre Etat ou l'Etat sur le territoire duquel l'acte a été commis. Aussi l'Etat poursuivant ne peut-il compter que sur la coopération des autres Etats aux fins d'appréhender l'auteur des faits incriminés ;
- *La compétence réelle* : c'est la modalité qui permet à l'Etat dont les intérêts (monnaie, aéronefs ou autres biens meubles ou immeubles) ont été attaqués d'engager des poursuites contre les auteurs de ces faits pourtant survenus à l'étranger.

En dehors de ces cas, la compétence de l'Etat en matière judiciaire reste

mécanisme qui porte sur des crimes n'ayant *a priori* aucun lien avec l'Etat du for en ce sens qu'il s'agit de crimes commis à l'étranger, par des étrangers et dont les victimes sont elles-mêmes des étrangers. Mais l'exercice de la compétence universelle de juridiction se justifie notamment par le fait que l'humanité dans son ensemble serait fondée à sanctionner les auteurs présumés de tels crimes qui constituent une atteinte particulièrement grave à la « famille humaine[84] » ainsi qu'aux intérêts supérieurs de la Communauté internationale.

D'une certaine manière, on peut dire qu'en vertu de la Loi n°10 du Conseil de contrôle, les tribunaux militaires internationaux *ad hoc* de Nuremberg et de Tokyo, créés par les puissances victorieuses de la Deuxième Guerre mondiale, ont exercé une compétence universelle, au nom de la Communauté internationale, à l'égard des crimes commis hors de leurs territoires, contre des personnes qui n'étaient ni des citoyens ni des résidents (ce fut le cas, en particulier des Etats-Unis d'Amérique par exemple).

Toutefois, en dehors de ces deux tribunaux militaires internationaux *ad hoc*, ce sont seulement quelques Etats (notamment l'Australie, le Canada, Israël et le Royaume-Uni) qui, au cours des décennies suivantes, ont introduit la compétence universelle de juridiction dans leurs droits domestiques respectifs,

---

une compétence *rationae loci*. Par contre, la compétence universelle de juridiction, elle, porte sur les crimes qui n'ont *a priori* aucun lien avec l'Etat du for.

[84] *Cf.* Déclaration universelle des droits de l'homme (1948).

mais uniquement à l'égard des crimes commis pendant la Deuxième Guerre mondiale[85].

Les textes les plus souvent utilisés dans le domaine de la compétence universelle de juridiction sont, entre autres, la Convention sur la prévention et la répression du crime de génocide de 1948, la Convention des Nations Unies de 1984 (dite de New York) contre la torture, les peines ou traitements cruels, inhumains et dégradants, ou encore les quatre Conventions de Genève de 1949[86]. En vertu de l'article 7, alinéa 1er, de la Convention de 1984 contre la torture susvisée, « *l'Etat sur le territoire sous la juridiction duquel l'auteur présumé d'une infraction visée à l'article 4 est découvert, s'il n'extrade pas ce dernier, soumet l'affaire, dans les cas visés à l'article 5, à ses autorités compétentes pour l'exercice de l'action pénale* ».

C'est de cette disposition que se dégage le fameux principe *aut dedere aut judicare* (soit vous extradez, soit vous poursuivez) ! Il convient de rappeler que ce principe de droit coutumier a été développé, à l'origine, par Hugo Groot (dit Grotius) et crée pour les

---

[85] Outre les Etats précités, d'autres Etats, notamment d'Amérique du Sud comme la Bolivie, le Brésil, le Chili, la Colombie, le Costa Rica, le Panama, le Salvador, l'Uruguay et le Venezuela, ou encore européens comme l'Allemagne, le Danemark, la France, la Norvège ou la Suisse ont également promulgué des lois aux termes desquelles certains crimes internationaux commis durant la Seconde Guerre mondiale relevaient bien de leur compétence.

[86] Voir respectivement :
- La Convention de Genève I, article 49 ;
- La Convention de Genève II, article 50 ;
- La Convention de Genève III, article 129 ;
- Et la Convention de Genève IV, article 146.

Etats l'obligation alternative d'extrader ou de juger les auteurs présumés de certaines infractions présentant un caractère international.

Il faut également souligner que dans sa dimension opérationnelle, la compétence universelle de juridiction portait à l'origine essentiellement sur la piraterie en haute mer[87] et sera consacrée notamment par la Convention de Montego Bay du 10 décembre 1982 qui dispose : « [T]*out État peut, en haute mer ou tout autre lieu ne relevant pas de la juridiction d'un État, saisir un navire ou un aéronef pirate [...]. Les tribunaux de l'État qui a opéré la saisine, peuvent se prononcer sur la peine à infliger*[88] ».

Mais la compétence universelle de juridiction va connaître une importante évolution dans le droit international, au point d'être intégrée dans de nombreuses autres conventions internationales [89], notamment :

---

[87] Voir à ce sujet l'arrêt de la Cour permanente internationale de justice (CPIJ) dans l'affaire du Lotus (Recueil des arrêts de la CPIJ, Série A, N°10, arrêt du 7 septembre 1927, opinion individuelle du Juge Moore : « [D]*ans le cas de ce qui est connu sous le nom de piraterie du Droit des Gens, il a été concédé une compétence universelle, en vertu de laquelle toute personne inculpée d'avoir commis ce délit peut être jugée et punie par tout pays sous la juridiction duquel elle vient de se trouver [...]. Bien qu'il y ait des législations qui en prévoient la répression, elle est une infraction de droit des gens ; et étant donné que le théâtre des opérations du pirate est la haute mer où le droit ou le devoir d'assurer l'ordre public n'appartient à aucun pays, il est traité comme l'individu hors-la-loi, comme l'ennemi du genre humain* - hostis humani generis - *que tout pays, dans l'intérêt de tous peut saisir ou punir* » (p. 70).
[88] *Cf.* Article 105.
[89] Voir à ce sujet :

- La Convention (précitée) sur la prévention et la répression du crime de génocide de 1948[90]. Il faut noter que la définition du crime de génocide, telle qu'elle est contenue dans l'article 2 de la Convention[91], renvoie en réalité à des pratiques qui ont été monnaie courante dans la société internationale depuis toujours, sans être qualifiées et punies comme des crimes de génocide [92]. Ainsi en est-il des tribunaux militaires internationaux *ad hoc* de Nuremberg et Tokyo qui ont puni les auteurs des massacres des populations entières, motivés par des raisons religieuses, raciales ou autres, mais en qualifiant ces actes de « persécution » qui est l'une des catégories des crimes contre l'humanité ;

- GUILLAUME G., « La compétence universelle : formes anciennes et nouvelles », *Mélanges Levasseur*, Paris, Litec, 1992, pp. 33 et s. ;
- STERN B., « La compétence universelle en France ; le cas des crimes commis en ex-Yougoslavie et au Rwanda », GYIL, vol. 40, 1997, p. 281.

[90] *Cf.* Article IV, aux termes duquel « [les] *personnes ayant commis le génocide ou l'un quelconque des actes énumérés à l'article III* (de la Convention, nous le soulignons) *seront punies, qu'elles soient des gouvernants, des fonctionnaires ou des particuliers* ».

[91] *Cf.* Article 2 de la Convention : « *Dans la présente Convention, le génocide s'entend de l'un quelconque des actes ci-après, commis dans l'intention de détruire, ou tout ou en partie, un groupe national, ethnique, racial ou religieux, comme tel :*
a) Meurtre de membres du groupe ;
b) Atteinte grave à l'intégrité physique ou mentale de membres du groupe ;
c) Soumission intentionnelle du groupe à des conditions d'existence devant entraîner sa destruction physique totale ou partielle ;
d) Mesures visant à entraver les naissances au sein du groupe ;
e) Transfert forcé d'enfants du groupe à un autre groupe ».

[92] CASSESE A., SCALIA D. & THALMANN V., *Les grands arrêts de droit international, op. cit.*, pp. 211-249.

- La Convention sur la répression de la capture illicite d'aéronefs du 16 décembre 1970[93] ;

- La Convention pour la répression des actes illicites dirigés contre la sécurité de l'aviation civile du 23 septembre 1971, telle que modifiée par le Protocole pour la répression des actes illicites de violence dans les aéroports servant à l'aviation civile internationale du 24 février 1988[94] ;

- La Convention de New York sur la prévention et la répression des infractions contre les personnes jouissant d'une protection internationale, y compris les agents diplomatiques, du 14 décembre 1973[95];

- La Convention européenne pour la répression du terrorisme du 22 janvier 1977[96] ;

- La Convention internationale de New York contre la prise d'otages du 17 décembre 1979[97];

- La Convention sur la protection physique des matières nucléaires du 3 mars 1980[98] ;

---

[93] *Cf.* Article 4, §2.
[94] L'article 3 du Protocole s'ajoute à l'article 5 de la Convention, le paragraphe 2 bis.
[95] *Cf.* Article 3, §2.
[96] *Cf.* Article 6.
[97] *Cf.* Article 5, §2.
[98] *Cf.* Article XXX.

- La Convention (précitée) contre la torture et autres peines ou traitements cruels, inhumains ou dégradants du 10 décembre 1984[99]. Le crime de torture, déjà amplement étayé notamment par la jurisprudence de la Cour européenne des droits de l'homme, sera ainsi formulé par le système international au travers de la Convention de 1984 qui en fait une infraction autonome [100] (*discrete crime*, c'est-à-dire un crime en soi) et non seulement une simple sous-catégorie des crimes de guerre, des crimes contre l'humanité ou encore du crime de génocide, etc. Avec la jurisprudence des TPI, notamment avec l'affaire Furundzia [101], l'interdiction de la torture est une norme de *jus cogens* qui fait que tout Etat a non seulement le pouvoir mais l'obligation de sanctionner les actes de torture (ou alors d'en extrader les

---

[99]*Cf.* Article 5, §2 et article 7.
[100] *Cf.* l'article 1er de la Convention qui dispose :
« 1. *Aux fins de la présente Convention, le terme « torture » désigne tout acte par lequel une douleur ou des souffrances aiguës, physiques ou mentales, sont intentionnellement infligées à une personne aux fins notamment d'obtenir d'elle ou d'une tierce personne des renseignements ou des aveux, de la punir d'un acte qu'elle ou une tierce personne a commis ou est soupçonnée d'avoir commis, de l'intimider ou de faire pression sur elle ou d'intimider ou de faire pression sur une tierce personne, ou pour tout autre motif fondé sur une forme de discrimination quelle qu'elle soit, lorsqu'une telle douleur ou de telles souffrances sont infligées par un agent de la fonction publique ou toute autre personne agissant à titre officiel ou à son instigation ou avec son consentement exprès ou tacite. Ce terme ne s'étend pas à la douleur ou aux souffrances résultant uniquement de sanctions légitimes, inhérentes à ces sanctions ou occasionnées par elles.*
2. *Cet article est sans préjudice de tout instrument international ou de toute loi nationale qui contient ou peut contenir des dispositions de portée plus large* ».
[101]TPIY, Chambre de première instance, jugement du 10 décembre 1998.

auteurs présumés, notamment sur la base du fameux principe *aut dedere aut punire* susvisé) ;

- La Convention pour la répression d'actes illicites contre la sécurité des plates-formes fixes situées sur le plateau continental du 10 mars 1988[102];

- La Convention de Vienne contre le trafic illicite de stupéfiants et de substances psychotropes du 20 décembre 1988[103];

- Le projet de Convention de code des crimes contre la paix et la sécurité de l'humanité de 1991[104] ;

- La Convention internationale du 20 décembre 2006 pour la protection de toutes les personnes contre les disparitions forcées. Cette Convention fait suite à la Déclaration sur la protection de toutes les personnes contre les disparitions forcées, adoptée par l'Assemblée générale des Nations Unies le 18 décembre 1992 (A/47/133), qui pose justement, en son article 14, le principe de la compétence universelle.

La ratification de ces instruments juridiques internationaux implique normalement l'incorporation dans l'ordre juridique interne des

---

[102] Cf. Article 3, §4.
[103] Cf. Article 4, §2.
[104] Cf. Article 4.

États parties des normes y relatives, notamment le principe de compétence universelle de juridiction.

En ajoutant à l'incrimination des faits imputables en général aux organisations criminelles (notamment les actes de piraterie, de terrorisme, de prise d'otages, etc.), les crimes que l'on peut qualifier de crimes d'Etat, la compétence universelle de juridiction va prendre une tournure particulière avant de connaître quelques difficultés dans sa mise en œuvre effective[105].

Ainsi, l'affaire Augusto Pinochet, qui a tant défrayé la chronique, a laissé croire que la compétence universelle de juridiction pouvait permettre à la justice de se passer des considérations de politique internationale [106] et, à l'occasion, raisonner plus efficacement encore la raison d'Etat. En effet, la décision des *Law Lords* anglais dans cette affaire reste toujours de référence pour avoir créé une importante fissure dans l'approche westphalienne de la souveraineté de l'Etat[107], constituant ainsi une victoire

---

[105] Peyro Llopis A., *La compétence universelle en matière de crimes contre l'humanité*, Bruxelles, Bruylant, 2003.

[106] Dans l'affaire Pinochet, les juges britanniques ont considéré que l'action initiée par le juge madrilène Balthazar Garzon était tout à fait recevable, que l'immunité dont pouvait se prévaloir le général Pinochet - tout comme le fait que les actes incriminés aient été commis dans le cadre de l'exercice de ses fonctions en tant que chef d'Etat - ne leur étaient pas opposable, etc. C'est donc uniquement pour des raisons de santé, a-t-on dit, et uniquement pour ces raisons, que Pinochet pouvait regagner son pays, le Chili.

[107] Cette décision peut se résumer comme suit : un ancien Chef d'Etat ne peut objectivement prétendre au bénéfice de l'immunité contre l'arrestation et l'extradition en Grande Bretagne que pour des actes

sans précédent pour tous ceux qui estiment que certains crimes ne peuvent en aucun cas être justifiés, même lorsqu'il s'agit de préserver la stabilité d'un Etat.

Cependant, les suites de cette affaire ont bien montré que la *real politik* reste de mise quand il s'agit de juger les auteurs des crimes d'Etat. En effet, même la Belgique, un Etat jusque-là considéré comme étant le promoteur par excellence de la lutte mondiale contre l'impunité, notamment par le biais du mécanisme de la compétence universelle de juridiction, a dû reconsidérer sa position et ce, apparemment pour au moins trois raisons majeures.

Tout d'abord, l'arrêt de la Cour internationale de justice du 14 février 2002[108] par lequel les juges de La Haye ont estimé « […] *que l'émission, à l'encontre de M. Abdoulaye Yérodia Ndombassi, du mandat d'arrêt du 11 avril 2000, et sa diffusion sur le plan international, ont constitué des violations d'une obligation juridique du Royaume de Belgique à l'égard de la République démocratique du Congo, en ce qu'elles ont méconnu l'immunité de juridiction pénale et l'inviolabilité dont le ministre des affaires étrangères en exercice de la République démocratique du Congo jouissait en vertu du droit international* ». Cette décision a certainement contribué à freiner quelque peu les ardeurs de la justice belge dans sa volonté d'inquiéter

---

effectués dans l'exercice de ses fonctions et non pour des « crimes internationaux ».
[108] Affaire du Mandat d'arrêt du 11 avril 2000 (République démocratique du Congo c. Royaume de Belgique).

systématiquement les auteurs des crimes internationaux et ce, sans qu'il y ait nécessairement un quelconque lien de rattachement avec le Royaume de Belgique.

Ensuite, les menaces récurrentes et à peine voilées de nombreux pays, dont les plus puissants d'entre eux[109], ont fini par inquiéter plus sérieusement les autorités belges et les faire plier[110] finalement. En effet, la Loi du 16 juin 1993 relative à la répression des violations graves du droit international humanitaire sera *in fine* purement et simplement abrogée par la Loi du 5 août 2003, qui porte d'ailleurs le même titre[111]. Dorénavant, la répression des crimes de guerre est intégrée dans le Code pénal belge et les nouveaux articles 6 et 10 du « Titre préliminaire » du Code d'instruction criminelle prévoient que l'introduction d'une plainte en Belgique n'est possible que dans deux cas : d'une part, si le présumé auteur est Belge ou réside en Belgique et, d'autre part, si la victime est de nationalité belge ou a sa résidence en Belgique depuis au moins trois ans au moment des faits[112] !

---

[109] L'on citera en particulier les Etats-Unis qui ont exercé des pressions politiques, diplomatiques et même économiques sur les autorités belges, en menaçant entre autres de délocaliser le siège de l'Organisation du traité de l'Atlantique Nord (OTAN) dans un autre pays !

[110] FERMON J., « Le cas de la Belgique : la loi du plus fort, quand les Etats-Unis font la Loi en Belgique », in ANDERSSON N. & LAGOT D. (*dir.*), *La justice internationale aujourd'hui : vraie justice ou justice à sens unique ?*, Paris, L'Harmattan, 2009, pp. 47-68.

[111] Loi du 5 août 2003 relative à la répression des violations graves du droit international humanitaire.

[112] FERMON J., « Le cas de la Belgique : la loi du plus fort, quand les Etats-Unis font la Loi en Belgique », in ANDERSSON N. & LAGOT D. (*dir.*), *La*

Enfin, le risque évident d'une immigration judiciaire massive, notamment en provenance des pays du Sud ; ce que ce modeste pays européen[113] ne pourrait pas gérer à lui tout seul[114]. En effet, la Loi de 1993 faisait du juge belge une sorte de juge planétaire pouvant non seulement engager des poursuites pour des crimes graves de droit international commis à l'étranger sans qu'un ressortissant belge en soit victime, mais même lorsque les auteurs présumés de ces crimes ne sont pas sur le territoire du Royaume de Belgique. En un mot, cette loi permettait à la justice belge de juger *in absentia*, c'est-à-dire « par défaut », les présumés auteurs des crimes internationaux sur la base des quatre Conventions de Genève de 1949.

---

justice internationale aujourd'hui : vraie justice ou justice à sens unique ?, *op. cit.*, p. 60.

[113] La Belgique a une superficie de 30 688 Km2, pour une population totale de 11 507 163 habitants.

[114] Ainsi, plusieurs plaintes avaient-elles été déposées contre des personnalités étrangères parmi lesquelles :
- Abdoulaye Yerodia Ndombassi, Ministre des affaires étrangères de la République démocratique du Congo, le 11 avril 2000 ;
- Laurent Gbagbo, Président de la République de Côte d'Ivoire, le 26 juin 2001 ;
- Saddam Hussein al-Takriti, Président de la République d'Irak, le 29 juin 2001 ;
- Ariel Sharon, Premier Ministre d'Israël, le 1er juillet 2001 ;
- Fidel Castro, Président de la République de Cuba, le 4 octobre 2001 ;
- Denis Sassou Nguesso, Président de la République du Congo-Brazzaville, le 4 octobre 2001 ;
- Yasser Arafat, Président de l'Autorité Palestinienne, le 27 novembre 2001 ;
- Paul Biya, Président de la République du Cameroun, le 17 décembre 2001 ;
- Etc.

La période allant de 1993 à 1999 aura sans doute été l'âge d'or de cette loi, avec notamment les procès consacrés aux auteurs du génocide perpétré contre les Tutsi du Rwanda qui ont montré que non seulement la mise en œuvre de la compétence universelle de juridiction était possible, mais que la Belgique qui était à l'avant-garde de ce combat mondial pour la répression des crimes internationaux avait raison de le faire et pouvait même en être fière[115]. C'est donc à partir de 1999 que la phase de déclin va commencer, entre autres avec des objections, portant d'abord sur le volet purement utilitaire de cette loi. En effet, la question était notamment celle de savoir si l'Etat belge avait véritablement (ou aurait) les moyens de sa politique en matière de compétence universelle de juridiction, au vu de l'espoir suscité chez les victimes du monde entier.

Ensuite, l'attention sera portée sur des questions plus fondamentales, notamment les risques d'une utilisation politique éventuelle de cette loi ainsi que les atteintes possibles à la souveraineté des Etats qui pourraient en découler[116]. Finalement, ce sont les pressions américaines, suite aux plaintes déposées en Belgique contre certaines personnalités internationales, dont le Premier Ministre israélien d'alors Ariel Sharon, le 1er juillet 2001, qui finiront par vider cette loi de son contenu même.

---

[115] FERMON J., « Le cas de la Belgique : la loi du plus fort, quand les Etats-Unis font la Loi en Belgique », in ANDERSSON N. & LAGOT D. (dir.), *La justice internationale aujourd'hui : vraie justice ou justice à sens unique ?*, op. cit., p. 49.
[116] *Idem*.

Ainsi, la Belgique qui semblait se proposer de faire ce sur quoi les Etats membres de la Communauté internationale avaient du mal à s'accorder pour agir de façon plus efficace, finira par céder sous toutes ces pressions internationales conjuguées. Au final, si la Belgique a pu éviter les menaces dirigées contre elle en procédant à la modification regrettable de cette loi ambitieuse, elle en aura néanmoins tiré un certain bénéfice publicitaire qui est loin d'être négligeable. Cependant, les nombreuses victimes des crimes graves à travers le monde qui ont cru saisir cette opportunité pour faire entendre enfin leur voix se sont finalement retrouvées bien seules, sans que leurs préjudices aient été pris en compte dans ces marchandages politico-diplomatiques entre Etats !

L'on peut aussi regretter qu'en procédant à ce qui avait parfois l'air d'une opération de communication, avec un zèle tout à fait honorable (bien que cela soit quelque peu imprudent !) pour la justice pénale internationale, la justice belge ait sans aucun doute à son corps défendant compromis durablement l'efficacité de ce mécanisme qu'est la compétence universelle de juridiction. Toutefois, si la Belgique pouvait avoir une part de responsabilité dans le recul du mécanisme de la compétence universelle de juridiction, il n'est pas exclu que certains plaignants et leurs avocats qui avaient introduit certaines plaintes politiquement motivées (et même farfelues dans certains cas) aient également largement contribué à l'affaiblissement de cet instrument qui est sans doute le plus dissuasif en raison de son effet surprise.

Toutefois, s'agissant des plaintes pour toutes sortes de situations, qui n'avaient à l'évidence rien à voir avec les crimes de droit international, notamment les quatre Conventions de Genève, rien n'empêchait le Parquet de Bruxelles qui les a reçues de classer sans suite de telles plaintes[117].

De même, pour ce qui concerne les plaintes avec constitution de partie civile devant le juge d'instruction, rien n'empêchait non plus dans ces cas le juge d'instruction de saisir la Chambre du Conseil pour entendre déclarer ces plaintes simplement irrecevables[118]. D'ailleurs, il convient de souligner que le dépôt de plaintes farfelues, fantaisistes ou manifestement irrecevables n'est pas propre à la compétence universelle de juridiction[119]. Pourquoi alors se fonder sur ces considérations, comme l'ont fait opportunément les autorités politiques belges, pour justifier leur abdication devant les pressions internationales ?

Il convient de souligner toutefois qu'au-delà des cas spécifiques que nous venons d'aborder, la mise en œuvre de la compétence universelle de juridiction soulève des questions et des difficultés d'ordre structurel qu'il importe sans doute de souligner dans cette partie de notre analyse. En effet, si, de ce qui

---

[117] FERMON J., « Le cas de la Belgique : la loi du plus fort, quand les Etats-Unis font la Loi en Belgique », in ANDERSSON N. & LAGOT D. (dir.), *La justice internationale aujourd'hui : vraie justice ou justice à sens unique ?*, op. cit., pp. 64-68.
[118] *Idem.*
[119] *Ibid.*

précède, la compétence universelle de juridiction apparaît comme l'un des mécanismes essentiels de la justice pénale internationale, à même de contribuer à raisonner efficacement la raison d'Etat, et un instrument de dissuasion judiciaire de portée universelle, sa mise en œuvre effective est loin d'être évidente. Car, elle suppose une prise en compte de nombreux obstacles [120], majeurs, parmi lesquels les obstacles matériels, juridiques et politiques.

i. Les obstacles matériels

Le système pénal international reste diffus, hétérogène et parfois aléatoire, avec une pluralité d'instruments juridiques de valeurs inégales. De même, si ces instruments juridiques internationaux incitent généralement les parties contractantes à prendre des mesures législatives adéquates[121] aux fins de sanctionner les violations particulièrement graves des droits de l'homme et/ou du droit international humanitaire[122], il n'est pas rare qu'un Etat ne soit pas à jour de ce point de vue. Ainsi en est-il, par exemple, de l'affaire Hissein Habré pour laquelle la Chambre d'accusation de la Cour d'appel de Dakar a dû constater que « *le droit positif sénégalais ne renfermait aucune incrimination de crime contre l'humanité et qu'en vertu du principe de la légalité des délits et des peines*

---

[120] ANDERSSON N. & LAGOT D. (dir.), *La justice internationale aujourd'hui : vraie justice ou justice à sens unique ?, op. cit.*

[121] A titre d'illustration, voir par exemple l'article 5 de la Convention des Nations Unies sur la prévention et la répression du crime de génocide de 1948.

[122] Toujours à titre d'illustration, voir l'article 1er de la Convention précitée sur la prévention et la répression du crime de génocide de 1948.

prévue et affirmé à l'article 4 du Code pénal sénégalais, les juridictions sénégalaises ne pouvaient matériellement pas connaître de ses faits[123] ».

Saisie par les victimes d'un pourvoi, la Cour de cassation sénégalaise rejette ledit pourvoi pour les motifs suivants[124] :

« *L'article 5, alinéa 2 de la Convention de New-York du 10 décembre 1984 contre la torture et autres peines ou traitements cruels, inhumains ou dégradants, fait peser sur chaque Etat partie l'obligation de prendre des mesures nécessaires pour établir sa compétence aux fins de connaître des infractions visées à l'article 4 de la Convention, dans le cas où l'auteur présumé de celles-ci se trouve sur tout territoire de sa juridiction et/ou ledit Etat ne l'extrade pas.*

Qu'il en résulte que l'article 79 de la Convention ne saurait recevoir d'application dès lors que l'exécution de la Convention nécessite que soient prises au Sénégal des mesures législatives préalables.

Qu'aucun texte de procédure ne reconnaît une compétence universelle aux juridictions sénégalaises en vue

---

[123] Arrêt n°135 du 4 juillet 2000.
[124] Arrêt du 20 mars 2001, par lequel la Haute juridiction sénégalaise a décidé que l'état de la législation interne de cet Etat ne permettait pas d'engager des poursuites pénales à l'encontre du nommé Hissein Habré, pour des faits prévus à l'article 4 de la Convention de New-York. Ainsi donc, l'Etat sénégalais qui est partie prenante à la Convention de New-York du 10 décembre 1984 contre la torture et autres peines ou traitements cruels, inhumains ou dégradants, qu'il a ratifiée le 26 août 1986, soit deux ans après son adoption par l'Assemblée générale des Nations Unies, n'a pas satisfait à l'une des obligations majeures posées à l'article 7 de ladite Convention.

de poursuivre et de juger, si elles ont trouvé sur le territoire de la République du Sénégal, des présumés auteurs ou complices de faits qui entrent dans les prévisions de la loi du 28 août 1996 portant adaptation de la législation sénégalaise aux dispositions de l'article 4 de la Convention de New-York lorsque les faits ont été commis au Sénégal ».

ii. Les obstacles juridiques

Le droit international pénal étant d'application stricte, sa mise en œuvre au niveau national suppose non seulement que les instruments y relatifs soient suffisamment précis, mais que les juges nationaux en aient une connaissance pointue. A ces difficultés d'ordre juridique, peuvent s'ajouter entre autres les immunités, la prescription de certains faits au vu de la législation domestique des Etats, les mesures d'amnistie ou de grâce qui sont fréquentes dans des contextes post-conflictuels où la justice est généralement mise en concurrence avec la recherche de la paix et de la réconciliation nationale[125].

iii. Les obstacles politiques

La mise en œuvre effective de la compétence universelle de juridiction pose incontestablement problème par rapport à la souveraineté des Etats dont la coopération est indispensable à l'action des juges, qu'il s'agisse de réunir les preuves, d'auditionner les témoins, d'interpeler les suspects ou encore de les

---

[125] HAZAN Pierre, *La paix contre la justice : Comment reconstruire un Etat avec des criminels de guerre*, Bruxelles, André Versaille Editeur-GRIP, 2010.

extrader[126], etc. Ainsi en est-il de l'affaire Hissein Habré et du refus du Sénégal d'extrader l'ancien chef de l'Etat tchadien vers la Belgique sur la base du principe *aut dedere aut punire* ; une affaire qui, finalement, a dû être tranchée par une décision de la Cour internationale de justice (CIJ)[127].

Cependant, outre la compétence universelle de juridiction, il s'est développé depuis la fin de la Deuxième Guerre mondiale un système de juridictions *ad hoc* qui va connaître une certaine tournure avec la création par le Conseil de sécurité des Nations Unies de deux tribunaux pénaux internationaux *ad hoc*, l'un pour l'ex-Yougoslavie et l'autre pour le Rwanda[128].

---

[126] *Cf.* affaire Hissein Habré précitée et les difficultés y relatives qui ont fait durer la procédure près de 17 ans et qui a fait dire au Prix Nobel de la Paix, le Sud-africain Desmond Tutu, qu'il s'agissait d'un véritable « feuilleton judiciaire » !

[127] *Cf.* CIJ, affaire des Questions concernant l'obligation de poursuivre ou d'extrader (Belgique c. Sénégal, arrêt du 20 juillet 2012).

[128] Les deux juridictions *ad hoc* sont arrivées au terme de leurs mandats respectifs :
- Le 31 décembre 2015 pour le TPIR ;
- Le 31 décembre 2017 pour le TPIY.

Il est à noter que les missions résiduelles de ces deux institutions, notamment le contrôle de l'application des peines et l'examen des procédures d'appel, ainsi que la consolidation de leurs activités à l'issue de leurs mandats, ont été transférées au « Mécanisme international appelé à exercer les fonctions résiduelles des Tribunaux pénaux » (un organe créé le 22 décembre 2010 par le Conseil de sécurité des Nations Unies).

II. Un mécanisme *ad hoc* :
L'exemple des tribunaux pénaux internationaux pour l'ex-Yougoslavie et pour le Rwanda

Ce mécanisme relève des missions dévolues au Conseil de sécurité, notamment au titre du Chapitre VII de la Charte des Nations Unies. Le Conseil de sécurité, en tant que bras armé de la Communauté internationale, endosse la responsabilité principale de sanctionner non seulement les Etats récalcitrants en cas de menace à la paix ou de rupture de la paix mais, désormais, également des individus responsables de crimes d'Etat, lesquels sont susceptibles de constituer une atteinte à la paix et à la sécurité internationales[129].

Ces juridictions internationales *ad hoc*, créées par voie de résolutions du Conseil de sécurité des Nations Unies, consacrent le principe de primauté de la justice pénale internationale sur les juridictions nationales (et donc la levée de nombreux préalables procéduraux, souvent rédhibitoires pour des poursuites sur le plan international). En tant que structures spécialisées du Conseil de sécurité, ces juridictions pénales *ad hoc* engagent tous les Etats membres de l'Organisation

---

[129] Voir l'article 24 de la Charte des Nations Unies qui dispose : « *Afin d'assurer l'action rapide et efficace de l'Organisation, ses Membres confèrent au Conseil de sécurité la responsabilité principale du maintien de la paix et de la sécurité internationales et reconnaissent qu'en s'acquittant des devoirs que lui impose cette responsabilité le Conseil de sécurité agit en leur nom* » (alinéa 1er). Dans l'accomplissement de ces devoirs, le Conseil de sécurité agit « [...] *conformément aux buts et principes des Nations Unies* » (alinéa 2). Dans tous les cas, le Conseil de sécurité soumet « [...] *pour examen des rapports annuels et, le cas échéant, des rapports spéciaux à l'Assemblée générale* » (alinéa 3).

mondiale à coopérer dans la mise en œuvre de leurs mandats, conformément aux dispositions cumulées des articles 24 et 25 de la Charte de l'ONU [130]. Cependant, outre leur caractère non permanent, les deux juridictions précitées avaient des champs d'action strictement limités et ne pouvaient être saisies que spécifiquement pour des cas concernant les deux pays[131].

Les articles 1er et 8 du Statut du TPIY habilitent cette juridiction à juger les auteurs des violations graves du droit international humanitaire, commises en ex-Yougoslavie à compter du 1er janvier 1991 (« jusqu'à

---

[130] Aux termes de l'article 25 « [les] *Membres de l'Organisation conviennent d'accepter et d'appliquer les décisions du Conseil* », conformément à la Charte.

[131] L'article 8 du Statut du TPIY indique : « *La compétence rationae loci du tribunal international s'étend au territoire de l'ancienne République fédérative socialiste de Yougoslavie, y compris son espace terrestre, son espace aérien et ses eaux territoriales* ». L'article 7 du Statut du TPIR énonce pour sa part : « *La compétence rationae loci du tribunal international pour le Rwanda s'étend au territoire du Rwanda, y compris son espace terrestre et son espace aérien, et au territoire d'Etats voisins en cas de violations graves du droit international humanitaire commis par des citoyens rwandais* ». Le TPIR exerce sa compétence territoriale sans conditions particulières pour le Rwanda même, mais ne voit celle-ci être étendue aux pays voisins que sous condition de la nationalité des auteurs des faits incriminés. Cette deuxième hypothèse a introduit, dans la détermination de la compétence territoriale de la juridiction d'Arusha, un critère tenant à la qualité personnelle de l'auteur de l'acte, à savoir sa nationalité.

En revanche, qu'il s'agisse du Tribunal militaire international *ad hoc* de Nuremberg ou celui équivalent de Tokyo, la compétence *rationae loci* n'est pas spécifiée dans les statuts de ces juridictions. Toutefois, l'un est créé pour juger les grands criminels de guerre des pays européens de l'Axe et l'autre pour le juste châtiment de ceux d'Extrême-Orient. Ce qui reste assez vague, même si l'éloignement de ces deux juridictions pénales était tel qu'il n'était pas certain d'envisager un cas de conflit de compétences *rationae loci*.

nos jours[132] » !). Cette limitation temporelle excluait d'office de la compétence temporelle du TPIY, par exemple les exactions commises dès 1989, notamment dans la « Province autonome » du Kosovo. Le texte ne dit rien en ce qui concerne l'échéance de la compétence *rationae temporis* du TPIY même si, aux termes de l'article 2 de la résolution[133] qui crée cette instance juridictionnelle internationale, cette échéance devra être fixée par le Conseil de sécurité des Nations Unies en fonction de la restauration de la paix.

Pour ce qui concerne le TPIR, les articles 1er et 7 du Statut qui l'a institué lui confèrent une compétence temporelle circonscrite à la période allant du 1er janvier au 31 décembre 1994. Ce qui a exclu là aussi des poursuites de cette juridiction un bon nombre d'acteurs de la tragédie rwandaise, laquelle a commencé bien avant la période susvisée et s'est poursuivi longtemps après, notamment sur le territoire de la République démocratique du Congo (RDC) voisine. Cependant, la résolution 955[134] du Conseil de sécurité a étendu la compétence *rationae loci* du TPIR au-delà du territoire national rwandais pour les infractions graves au droit international humanitaire commises par des citoyens rwandais sur

---

[132] Cette disposition tenait compte du fait qu'au moment de l'adoption de la résolution portant création du TPIY, les hostilités étaient toujours en cours sur le territoire de l'ex-Yougoslavie.
[133] Il s'agit de la Résolution 827 (1993), adoptée par le Conseil de sécurité des Nations Unies en sa 3 217è réunion, le 25 mai 1993.
[134] Résolution précitée du 4 novembre 1994, portant création du TPIR.

le territoire des Etats voisins du Rwanda durant la même période[135].

Dans tous les cas, devant ces tribunaux internationaux *ad hoc*, les victimes n'intervenaient pas en tant que telles mais juste comme des témoins à charge ou à décharge. En effet, n'ayant pas la qualité de parties au procès, elles ne pouvaient pas saisir directement ces juridictions ni demander réparation des préjudices subis[136].

Il est à signaler que, outre le TPIY et le TPIR, il y a manifestement pléthore de juridictions *ad hoc* (les « tribunaux spéciaux ») créées depuis le début de la décennie 2000 et dont on peut s'interroger sur la pertinence réelle de création, surtout qu'il existe depuis le 1er juillet 2002 une juridiction pénale internationale permanente à vocation universelle, autrement dit la Cour pénale internationale.

En parlant de pléthore des juridictions *ad hoc*, on peut citer entre autres :

---

[135] Théoriquement, cela devait concerner, outre la République démocratique du Congo, le Burundi, l'Ouganda et la Tanzanie.
[136] Ce qui n'est pas le cas de la CPI où l'article 79 du Statut prend en compte la place des victimes, sans pour autant leur conférer le statut de parties civiles devant cette nouvelle juridiction. L'Article 79, intitulé « Fonds au profit des victimes », est libellé comme suit :
« 1. *Un fonds est créé, sur décision de l'Assemblée des États Parties, au profit des victimes de crimes relevant de la compétence de la Cour et de leurs familles.*
2. La Cour peut ordonner que le produit des amendes et tout autre bien confisqué soient versés au fonds.
3. Le fonds est géré selon les principes fixés par l'Assemblée des États Parties ».

- Les Chambres spéciales du Kosovo, créées par la résolution 1244 du Conseil de sécurité du 10 juin 1999 et le règlement 200/64 de la Mission des Nations Unies pour le Kosovo (MUNIK), en vue de juger les auteurs présumés des crimes de guerre et des crimes contre l'humanité commis dans cette ex-province de la Serbie ;

- Les Chambres spéciales du Timor oriental, créées le 6 mars 2000 par l'Administration transitoire des Nations Unies au Timor oriental (ATNUTO) pour juger les « crimes graves », comprenant des meurtres, des viols et des tortures, commis en 1999 ;

- Le Tribunal spécial pour la Sierra-Léone (TSSL), créé par un accord bilatéral le 16 janvier 2002 entre les Nations Unies et le gouvernement sierra-léonais, pour juger les auteurs présumés des crimes contre l'humanité commis dans ce pays durant la période allant de 1991 à 2001 et qui a fait plus de 200 000 morts ;

- Les Chambres spéciales pour la Bosnie Herzégovine, créées par la résolution 1503 du 28 août et la résolution 1534 du 26 mars 2004 du Conseil de sécurité des Nations Unies ;

- Les Chambres extraordinaires du Cambodge, créées par un accord bilatéral le 6 juin 2003 entre les Nations Unies et l'Etat du Cambodge, pour juger les auteurs présumés des crimes commis dans ce pays par le régime du Kampuchéa démocratique ;

- Le Tribunal spécial pour le Liban (TSL), créé également par voie de résolution du Conseil de sécurité[137], à l'initiative notamment des Etats-Unis et de la France. Ce tribunal a été créé suite à l'attentat à la camionnette piégée, le 14 février 2005, qui a tué le dirigeant sunnite libanais Rafic Hariri et plongé le Liban dans une crise politico-communautaire profonde. Le TSL a notamment pour mission de juger les auteurs présumés de cet attentat et d'autres, survenus après le 1er octobre 2004, s'il établit la preuve d'un lien entre tous ces crimes. Cette juridiction est unique en son genre car, pour la première fois dans l'histoire de la justice pénale internationale, des juges nationaux et internationaux vont se pencher sur le « crime de terrorisme ». Il est important de souligner que cette juridiction est également la première instance pénale internationale qui permet la tenue d'un procès par défaut (*in absentia*) au cours duquel l'accusé est représenté par un avocat ;

- La Cour pénale spéciale (CPS), une juridiction spéciale au sein de la justice centrafricaine. Cette juridiction spéciale est créée par la Loi organique n°15.003 du 3 juin 2015 et a pour mandat d'enquêter, d'instruire et de juger les

---

[137] *Cf.* résolution 1757 du 30 mai 2007.

violations graves des droits humains et du droit international humanitaire commis sur le territoire de la République Centrafricaine depuis le 1er janvier 2003, telles que définis par le Code pénal centrafricain et le droit international.

En effet, avec l'émergence de la Cour pénale internationale qui est un mécanisme permanent et qui, au vu des dispositions pertinentes de son Statut, peut être saisie entre autres par le Conseil de sécurité des Nations Unies pour des crimes relevant de la compétence de cette juridiction, quel est véritablement l'intérêt de cette prolifération de tribunaux spéciaux, avec parfois des risques d'interférence ?

La Communauté internationale n'aurait-elle pas plutôt intérêt à renforcer le dispositif existant, en particulier et selon les cas, les juridictions nationales des Etats concernés, la CPI ainsi que le mécanisme de la compétence universelle de juridiction qui sont autant d'instruments à même d'apporter des réponses appropriées aux situations de violations graves des droits de l'homme et du droit international humanitaire à l'origine de la création de ces tribunaux spéciaux ?

III. Un mécanisme permanent : La Cour pénale internationale (CPI)

Il s'agit donc d'une juridiction permanente, un mécanisme qui a toujours fait défaut à la

Communauté internationale qui n'a réglé les questions relatives aux crimes contre l'humanité que de façon ponctuelle[138].

Le cordon ombilical de cette juridiction pénale internationale permanente avec les Nations Unies apparaît très clairement dès le préambule du Statut de Rome de 1998 ainsi qu'aux articles 2 (« Lien spécial »), 13b (« Saisine de la Cour par le Conseil de sécurité ») et d'autres dispositions pratiques. Ainsi, et comme le montrent William Bourdon et Emmanuelle Duverger, les fonds baptismaux de la Cour pénale internationale sont ceux des Nations Unies[139]. Aussi, est-il normal que le Statut qui institue la Cour réaffirme ce lien avec l'Organisation mondiale, en se référant explicitement aux principes contenus dans la Charte des Nations Unies : « *Réaffirmant les buts et principes des Nations Unies et en particulier que tous les Etats doivent s'abstenir de recourir à la menace ou à l'emploi de la force, soit contre l'intégrité territoriale ou l'indépendance politique de tout Etat, soit de toute autre manière incompatible avec les buts et principes des Nations Unies[140]* ».

Ce faisant, le Statut de la Cour de La Haye se réfère également explicitement à ce qui a constitué le socle

---

[138] Notamment avec les tribunaux internationaux militaires *ad hoc* de Nuremberg et de Tokyo (1945 et 1946), les tribunaux pénaux internationaux *ad hoc* pour l'ex-Yougoslavie et pour le Rwanda (1993 et 1994), ou encore les procès devant les juridictions nationales comme ce fut le cas du procès Eichmann (Israël, 1961) ou Klaus Barbie (France, 1987), etc.
[139] BOURDON W. & DUVERGER E., *La Cour pénale internationale, op. cit.*, pp. 26-27.
[140] Préambule, §8.

juridique des résolutions adoptées par le Conseil de sécurité de l'ONU, en instituant les deux tribunaux pénaux internationaux *ad hoc* précités, pour l'ex-Yougoslavie et pour le Rwanda[141]. Ce qui fait de la CPI une juridiction pénale universelle, dont la vocation est de contribuer à la sauvegarde de la paix et à la sécurité internationales, en jugeant les crimes visés à l'article 5 de son Statut. Il est à noter qu'il s'agit, en même temps, d'une instance libérée de la tutelle de l'Assemblée générale des Nations Unies qui, comme on le sait, est une instance beaucoup plus politique et diplomatique que technique, bien qu'elle soit la plus représentative de la Communauté internationale.

Le Statut de la Cour autorise le Procureur, sous certaines conditions qu'il nous reviendra bien évidemment de préciser, à s'autosaisir (l'article 15 du Statut permet au Procureur de Cour de se saisir *proprio mutu*[142], de sa propre initiative donc !). Il s'agit

---

[141] TAVERNIER P. & alii, *Actualité et jurisprudence pénale internationale à l'heure de la mise en place de la Cour pénale internationale*, Bruxelles, Bruylant, 2004.
[142] Article 15 « Le Procureur » :
« 1. *Le Procureur peut ouvrir une enquête de sa propre initiative au vu de renseignements concernant des crimes relevant de la compétence de la Cour.*
2. Le Procureur vérifie le sérieux des renseignements reçus. A cette fin, il peut rechercher des renseignements supplémentaires auprès d'Etats, d'organes de l'Organisation des Nations Unies, d'organisations intergouvernementales et non gouvernementales, ou d'autres sources dignes de foi qu'il juge appropriées, et recueillir des dépositions écrites ou orales au siège de la Cour.
3. S'il conclut qu'il y a une base raisonnable pour ouvrir une enquête, le Procureur présente à la Chambre préliminaire une demande d'autorisation en ce sens, accompagnée de tout élément justificatif recueilli. Les victimes peuvent adresser des représentations à la Chambre préliminaire, conformément au règlement de procédure et de preuve.
4. Si elle estime, après examen de la demande et des éléments justificatifs qui l'accompagnent, qu'il existe une base raisonnable pour ouvrir une enquête et

d'un privilège plutôt rare dans le système judiciaire international et qui, faut-il le préciser, n'est d'ailleurs pas accordé aux quinze sages de la Cour internationale de justice basée à La Haye. En effet, conformément aux dispositions de l'article 36, §2 du Statut[143] de la Cour internationale de justice, cette juridiction ne peut exercer sa compétence à l'égard des Etats que sur la base d'une déclaration préalable de reconnaissance de sa compétence ! Or, faut-il rappeler qu'aux termes de l'article 92 de la Charte de

---

que l'affaire semble relever de la compétence de la Cour, la Chambre préliminaire donne son autorisation, sans préjudice des décisions que la Cour prendra ultérieurement en matière de compétence et de recevabilité.
5. Une réponse négative de la Chambre préliminaire n'empêche pas le Procureur de présenter par la suite une nouvelle demande en se fondant sur des faits ou des éléments de preuve nouveaux ayant trait à la même situation.
6. Si, après l'examen préliminaire visé aux paragraphes 1 et 2, le Procureur conclut que les renseignements qui lui ont été soumis ne constituent pas une base raisonnable pour l'ouverture d'une enquête, il en avise ceux qui les lui ont fournis. Il ne lui est pas pour autant interdit d'examiner, à la lumière de faits ou d'éléments de preuve nouveaux, les autres renseignements qui pourraient lui être communiqués au sujet de la même affaire ».
[143] L'article 36 du Statut de la CIJ est libellé comme suit :
« 1. La compétence de la Cour s'étend à toutes les affaires que les parties lui soumettront, ainsi qu'à tous les cas spécialement prévus dans la Charte des Nations Unies ou dans les traités et conventions en vigueur.
2. Les Etats parties au présent Statut pourront, à n'importe quel moment, déclarer reconnaître comme obligatoire de plein droit et sans convention spéciale, à l'égard de tout autre Etat acceptant la même obligation, la juridiction de la Cour sur tous les différends d'ordre juridique ayant pour objet :
    a. L'interprétation d'un traité ;
    b. Tout point de droit international ;
    c. La réalité de tout fait qui, s'il était établi, constituerait la violation d'un engagement international ;
    d. La nature ou l'étendue de la réparation due pour la rupture d'un engagement international.
3. Les déclarations ci-dessus visées pourront être faites purement et simplement ou sous condition de réciprocité de la part de plusieurs ou de certains Etats, ou pour un délai déterminé ».

l'ONU, la CIJ est l'organe judiciaire principal des Nations Unies et que « [tous] *les Membres des Nations Unies sont ipso facto parties au Statut de la Cour internationale* », conformément aux dispositions de l'article 93 de la Charte de l'Organisation mondiale ? En dépit de ce qui précède, la compétence de cette juridiction est conditionnée par l'acceptation préalable et expresse de sa juridiction par les Etats parties qui sont pourtant des membres de l'ONU.

Pour revenir à la CPI, cette juridiction pénale internationale permanente suscite beaucoup d'espoir tant chez les victimes que chez les défenseurs des droits de l'homme. La CPI est créée en tant que juridiction universelle, ayant pour vocation de lutter contre l'impunité à l'échelle mondiale. De ce point de vue, elle peut théoriquement être considérée comme étant hors du temps et de l'espace, parce qu'elle est compétente pour statuer sur tous les crimes déclarés eux-mêmes imprescriptibles. Cependant, la réalité est tout autre et l'universalité supposée de la Cour est très vite triplement entravée, notamment concernant sa saisine, sa compétence territoriale et sa compétence temporelle. Aussi, importe-t-il de préciser la nature ainsi que la portée des difficultés à ces trois niveaux relevés.

i. La saisine de la Cour

Seuls trois types d'acteurs sont autorisés à saisir la Cour, à savoir :

- Les Etats parties au Traité de Rome précité, qui sont aujourd'hui au nombre de 123 (sur les 196 Etats que compte les Nations Unies) ;

- Le Conseil de sécurité, agissant notamment au titre du chapitre VII de Charte des Nations Unies ;

- Et, exceptionnellement, le Procureur de la Cour qui peut se saisir *proprio mutu*, également sous les conditions prévues à l'article 15 du Statut de Rome[144].

Pourtant, l'article 25 du Statut de Rome consacre le principe de la responsabilité individuelle en des termes précis : « *La Cour est compétente à l'égard des personnes physiques en vertu du présent Statut […]* ». Ainsi donc, si seules les personnes physiques peuvent être jugées et condamnées devant cette juridiction en vertu d'un principe dont l'origine remonte au Statut de Nuremberg, il n'est cependant pas possible pour

---

[144] *Cf.* Affaires suivantes :
- *Le Procureur c. William Samoei Ruto et Joshua Arap Sang*, anciennement : *Le Procureur c. William Samoei Ruto, Henry Kiprono Kosgey et Joshua Arap Sang* (ICC-01/09-01/11) – Affaire close (charges annulées) ;
- *Le Procureur c. Uhuru Muigai Kenyatta*, anciennement : *Le Procureur c. Francis Kirimi Muthaura, Uhuru Muigai Kenyatta and Mohammed Hussein Ali* (ICC-01/09-02/11) – Affaire close (charges retirées) ;
- *Situation en Géorgie* (ICC-01/15) ;
- *Situation en République du Burundi* (ICC-01/17) ;
- *Situation en République populaire du Bangladesh / République de l'Union du Myanmar* (ICC-01/19) ;
- *Situation en République islamique d'Afghanistan* (ICC-02/17).

des individus de saisir directement la même juridiction pour les faits dont ils seraient des victimes. Relevons, toutefois, que le Règlement de procédure et de preuve de la CPI accorde un certain nombre de droits aux victimes ; ce qui représente l'une des grandes innovations du Statut de Rome.

En effet, pour la première fois dans la longue histoire de la justice pénale internationale, les victimes ont la possibilité de présenter leurs observations et leurs arguments à la Cour à différentes phases de la procédure [145]. Le Statut de Rome offre ainsi la possibilité aux victimes de faire entendre leur voix et, le cas échéant, d'obtenir réparation pour les souffrances qu'elles ont endurées[146].

ii. La compétence territoriale de la Cour

En théorie, il ne devrait pas y avoir de problèmes particuliers relatifs à la compétence territoriale de la Cour, dans la mesure où son champ d'action se veut mondial[147]. Elle est compétente dès lors que l'un des crimes qui lui donnent la compétence matérielle est constitué[148].

Or, aux termes de l'article 5 précité du Traité de Rome, le champ d'application de la compétence

---

[145] BA A., « La Cour pénale internationale : évolution et bilan actuel », *in* ANDERSSON N. & LAGOT D. (dir.), *La justice internationale aujourd'hui : vraie justice ou justice à sens unique ? op. cit.*, p. 79.
[146] Voir notamment l'article 79 (« Fonds au profit des victimes »), précité.
[147] BAZELAIRE J.-P., & CRETIN T., *op. cit.*, p. 87.
[148] *Cf.* Article 5 du Traité de Rome.

matérielle de la Cour pénale internationale concerne les crimes les plus graves qui touchent l'ensemble de la Communauté internationale[149], à savoir : le crime

---

[149] Exception faite du crime d'agression, on retrouve les trois premières catégories des crimes relevant de la compétence *rationae materiae* de la Cour dans les statuts des tribunaux internationaux *ad hoc* pour l'ex-Yougoslavie et le Rwanda, notamment :
- Les crimes de génocide (article 2 du Statut du TPIR et article 4 de celui du TPIY) ;
- Les crimes contre l'humanité (article 3 du Statut du TPIR et article 5 de celui du TPIY) ;
- Les violations graves aux Conventions de Genève (article 4 du Statut TPIR et article 2 de celui du TPIY).

Ces catégories correspondent à celles déjà contenues dans les statuts des deux tribunaux militaires internationaux *ad hoc* de Nuremberg et de Tokyo (article 6 du Statut du Tribunal de Nuremberg et article 5 de celui, équivalent, de Tokyo) qui indiquent, à quelques différences près, que leurs compétences portent sur :
- Les crimes contre la paix ;
- Les crimes contre les lois et les coutumes de la guerre ;
- Et les crimes contre l'humanité.

Ceux qui commettent, incitent à commettre, ordonnent de commettre des crimes relevant de la compétence matérielle de la CPI, en planifient ou préparent l'exécution, ou bien en sont complices par l'aide ou l'assistance, sont individuellement responsables de leurs actes. La commission des crimes par un subordonné ne dégage pas pour autant son supérieur de sa responsabilité s'il savait ou s'il avait des raisons de savoir que le subordonné s'apprêtait à commettre cet acte ou l'avait commis et que le supérieur n'a pas pris les mesures nécessaires et raisonnables pour empêcher que ledit acte ne soit commis ou en punir les auteurs (article 28 du Statut de la CPI). Le supérieur est donc tenu par un devoir de surveillance et de vigilance vis-à-vis de ses subordonnés dont il assume personnellement les exactions. Depuis la jurisprudence de Nuremberg jusqu'aux dispositions actuelles de la CPI, la position de chef d'Etat ou de haut responsable ne constitue pas une cause d'immunité. La mise en accusation de Slobodan Milosevic, alors qu'il était encore Président (de la République) en exercice de son pays, en a été la plus parfaite démonstration. De même, le fait d'avoir exécuté l'ordre d'un gouvernement ne peut être une cause d'exonération de la responsabilité pénale, tout au plus un motif de diminution de peine laissé à l'appréciation souveraine du juge.

On notera, par ailleurs, que l'article 26 du Statut de la CPI a introduit un

de génocide, les crimes contre l'humanité, les crimes de guerre et les crimes d'agression.

Pour ce qui concerne le crime d'agression, le texte du 17 juillet 1998 (article 5 du Statut de Rome, en son alinéa 2) précise que la Cour n'exercera sa compétence en la matière que « [...] *quand une disposition aura été adoptée conformément aux articles 121 et 123, qui définira ce crime et fixera les conditions de l'exercice de la compétence de la Cour à son égard* ». Dans tous les cas, « *cette disposition devra être compatibles avec les dispositions pertinentes de la Charte des Nations Unies* ».

Le Protocole de Kampala du 11 juin 2010, qui définit finalement le crime d'agression, le fonde largement sur la définition du crime d'agression, telle qu'elle est issue de la résolution 3314 de l'Assemblée générale des Nations Unies du 14 décembre 1974. Est ainsi qualifié « d'agression », un crime commis par un dirigeant politique ou militaire qui constitue une violation manifeste de la Charte des Nations Unies, en raison de sa nature, de sa gravité et de son ampleur[150].

---

critère d'incompétence à l'égard des mineurs (des enfants de moins 18 ans), un critère qui ne figure pas dans les statuts des TPI. Il convient également de faire remarquer que la responsabilité pénale internationale est désormais strictement personnelle et que rien n'est prévu pour déclarer criminelles des organisations, politiques notamment, comme ce fut le cas lors des procès de Nuremberg.

[150] Cf. Article 8 *bis*, §1 (conformément à la résolution RC/Res. 6 du 11 juin 2010). Cet article dispose :

« *1. Aux fins du présent Statut, on entend par « crime d'agression » la planification, la préparation, le lancement ou l'exécution par une personne effectivement en mesure de contrôler ou de diriger l'action politique ou militaire d'un État, d'un acte d'agression qui, par sa nature, sa gravité et son ampleur, constitue une violation manifeste de la Charte des Nations Unies.*

Cependant, dans la réalité, les termes du Statut ne sont opposables qu'aux seuls Etats ayant ratifié le Traité de Rome précité, ce qui restreint de *facto* le champ d'application territorial de la compétence de la Cour. Même pour les Etats parties au Traité de Rome précité, l'article 124 du Statut offre la possibilité de soustraire des poursuites pour au moins sept ans leurs ressortissants qui auraient commis des faits relevant de la compétence matérielle de la Cour[151] ! Il est à préciser, toutefois, qu'il est possible pour un Etat de faire une déclaration unilatérale de reconnaissance de la compétence de la CPI[152], comme l'a fait la Côte d'Ivoire à trois reprises :

- D'abord, le 18 avril en 2003 sous la présidence de Laurent Gbagbo ;

- Ensuite, le 14 décembre 2010 par le Président élu mais non encore investi Alassane Ouattara, juste après le deuxième tour de l'élection présidentielle ;

- Enfin, le 03 mai 2011, le Président Alassane Ouattara a écrit deux lettres de confirmation de

---

2. *Aux fins du paragraphe 1, on entend par « acte d'agression » l'emploi par un État de la force armée contre la souveraineté, l'intégrité territoriale ou l'indépendance politique d'un autre État, ou de toute autre manière incompatible avec la Charte des Nations Unies.* […] ».

[151] La France a opté pour cette disposition, à la grande déception de certaines ONG françaises, comme la Coalition française pour la Cour pénale internationale (CFCPI), et internationales. En effet, ces organisations ne voyaient pas l'utilité d'un tel procédé qui semblait contraster avec le rôle de pionnier que la France a toujours joué en matière de promotion de la justice pénale internationale.

[152] *Cf.* Article 12, alinéa 3 du Statut de Rome.

reconnaissance de la compétence de la CPI à la suite de celles du 18 avril 2003 sous la présidence de Laurent Gbagbo et du 14 décembre 2010.

Ce procédé pour lequel la Côte d'Ivoire a opté avant d'adhérer définitivement au Statut de la CPI en 2013, a suscité une polémique juridique que l'on peut situer à deux niveaux principalement :

- D'abord, l'étendue et la durée de validité de la déclaration du 18 avril 2003 : cette déclaration pouvait-elle lier indéfiniment l'Etat ivoirien ou bien doit-elle au contraire s'apprécier uniquement par rapport à la situation immédiate ?

- Ensuite, la validité, en particulier de la lettre de confirmation du 14 décembre 2010 : le Président Alassane Ouattara, qui n'était pas encore officiellement investi Président de la République de Côte d'Ivoire à cette date, pouvait-il engager juridiquement la responsabilité de cet Etat sur le plan international, qui plus est, par un simple courrier ?

Cette polémique a été suscitée entre autres par les avocats de Laurent Gbagbo qui, peu avant l'audience de confirmation des charges, avaient introduit une requête en incompétence de la CPI pour juger ce dernier[153].

iii. La compétence temporelle de la Cour : L'imprescriptibilité des crimes contre l'humanité en question

Les crimes contre l'humanité sont en principe imprescriptibles mais la compétence de la Cour en la matière est limitée par le fait qu'elle ne peut être saisie que pour les faits ayant été commis après l'entrée en vigueur du Statut de la Cour, c'est-à-dire le 1er juillet 2002[154]. Le Traité de Rome s'inscrit donc dans la droite ligne de l'orthodoxie juridique qui consiste à ne légiférer que pour l'avenir, sans effets rétroactifs. L'article 11, alinéa 1, du Statut est on ne peut plus précis à ce sujet : « *La Cour n'a compétence qu'à l'égard des crimes relevant de sa compétence commis après l'entrée en vigueur du présent Statut* ».

On peut parfaitement comprendre le raisonnement bien fondé des rédacteurs du Statut de Rome qui, sans doute par réalisme et par respect du principe fondamental de la non-rétroactivité de la loi pénale, ont décidé de faire courir l'imprescriptibilité des crimes relevant de la compétence de la Cour, seulement après l'entrée en vigueur du Statut. En effet, toute modalité contraire aurait certainement contribué à paralyser la mise en œuvre effective du

---

[153] *Cf.* Article 19 alinéa 2 a du Statut.
[154] Cependant, chaque Etat adhérent n'est lié au Statut qu'à compter de la date de sa ratification par cet Etat, conformément aux dispositions de l'article 126, alinéa 2 du Statut de Rome.

Statut ou ferait de la Cour une institution possiblement inopérante ! Cependant, il n'en demeure pas moins que c'est une réelle incohérence sur le strict plan du principe. Car, d'un côté, les crimes qui relèvent de la compétence matérielle de la Cour sont déclarés imprescriptibles [155] et, de l'autre, les dispositions du même texte créent une parenthèse temporelle.

Il faut souligner que le droit international coutumier ne reconnaît pas de limites temporelles à la poursuite des crimes internationaux, tels que ceux relevant de la compétence de la CPI, à savoir : le crime de génocide, les crimes contre l'humanité [156] et les crimes de guerre. Outre l'article 29 susvisé de la CPI qui admet de manière non équivoque que les « [...] *crimes relevant de la compétence de la Cour ne se prescrivent pas* », la Convention des Nations Unies sur l'imprescriptibilité des crimes de guerre et des crimes contre l'humanité du 26 novembre 1968 apporte la même garantie, notamment en son article 4 qui dispose : « *Les Etats Parties à la présente Convention s'engagent à prendre, conformément à leurs procédures constitutionnelles, toutes mesures législatives ou autres qui seraient nécessaires pour assurer l'imprescriptibilité des crimes visés aux articles premier et 2 de la présente Convention, tant en ce qui concerne les poursuites qu'en ce qui concerne la peine; là où une prescription existerait en la*

---

[155] Cf. Article 29 du Statut.
[156] En vertu du droit international applicable en France, la Cour de cassation a admis dans l'affaire Klaus Barbie que la loi du 26 décembre 1964 n'a fait que constater l'imprescriptibilité des crimes contre l'humanité (Cour de cassation, Chambre criminelle, arrêt du 20 décembre 1985).

matière, en vertu de la loi ou autrement, elle sera abolie ». Mais, comme on le sait, c'est seulement un nombre limité d'Etats qui a ratifié cette Convention !

Le risque de qualification d'« incohérence » dans le dispositif normatif et statutaire de la CPI peut en effet être une injustice faite aux victimes qui ont longtemps fondé (et fondent toujours) leurs espoirs sur cette juridiction pénale internationale permanente. En effet, sans sacrifier le principe fondamental de la non-rétroactivité de la loi pénale, la création de la CPI aurait pu être l'occasion de solder symboliquement la question des crimes du passé qui revient sans cesse dans les débats[157].

Mais comment donc y procéder sans faire entorse au principe susvisé de la non-rétroactivité de la loi pénale ? Il nous semble qu'une reconnaissance symbolique de ces crimes par les textes statutaires de cette juridiction pénale internationale indépendante aurait sans doute permis de contribuer au travail de mémoire qui tient tant à cœur la Communauté internationale [158]. Une telle reconnaissance, symbolique donc, aurait tout à fait pu trouver sa place dans les dispositions préambulaires du Statut, comme il est de tradition dans ce domaine.

---

[157] JOUANNET E. (co-dir.), *Droit international et reconnaissance*, Paris, Pédone, 2016.
[158] Cf. notre article : « Questionnement sur les « réparations » pour faits de crimes contre l'humanité : la justice peut-elle être au service du travail de mémoire ? », *Revue trimestrielle des droits de l'homme*, 66/2006, pp. 397-424.

Or, sans doute par souci de consensus entre Etats, les rédacteurs du Statut de Rome se sont contentés d'un demi pas en évoquant uniquement les crimes commis au cours du XX^è siècle et de façon assez laconique : « *Ayant à l'esprit qu'au cours de ce siècle, des millions d'enfants, de femmes et d'hommes ont été victimes d'atrocités qui défient l'imagination et heurtent profondément la conscience humaine*[159] » et que « *[…] des crimes d'une telle gravité menacent la paix, la sécurité et le bien-être du monde*[160] ».

Il eût fallu désigner ces « *atrocités qui défient l'imagination et heurtent profondément la conscience humaine* » par leurs qualifications juridiques, à l'instar de la France qui a eu le courage de le faire au travers de la Loi L. 2001-434 du 21 mai 2001 (dite Loi TAUBIRA) qui dispose : « *La République française reconnaît que la traite négrière transatlantique ainsi que la traite dans l'Océan Indien d'une part, et l'esclavage d'autre part, perpétrés à partir du XV^è siècle, aux Amériques et aux Caraïbes, dans l'Océan Indien et en Europe contre les populations africaines, amérindiennes, malgaches et indiennes constituent un crime contre l'humanité* ».

Cette loi est de nature essentiellement mémorielle car, d'une part, l'esclavage est aboli en France depuis 1848 et, d'autre part, les victimes directes tout comme les auteurs sont décédés. Toutefois, ainsi que le prévoit l'article 2, cette loi mémorielle comporte également un volet et un engagement d'ordre pédagogique : « *Les programmes scolaires et les*

---

[159] Préambule, §2.
[160] Préambule, §3.

programmes de recherche en histoire et en sciences humaines accorderont à la traite négrière et à l'esclavage la place conséquente qu'ils méritent [...] ».

Il est de notoriété publique que depuis l'avènement des Nations Unies en 1945, les demandes de reconnaissance des crimes du passé et/ou de réparations symboliques ainsi que les garanties de non-répétition qui les accompagnent traversent toute la planète. La question de fond qui se pose au travers de ces demandes récurrentes de reconnaissance des crimes du passé est celle de la mémoire de toute l'humanité. Ces demandes de reconnaissance font écho aux atrocités du passé, certes, mais aussi à leurs séquelles psychologiques sur des individus et bien souvent sur des communautés entières et des peuples qui, plusieurs décennies voire plusieurs siècles après les faits, restent encore profondément marqués par leurs effets traumatisants[161].

Le Sommet des Nations Unies de Durban de 2001, suivi de celui de Genève en 2009 (Durban I & II), semble aller dans le sens d'un processus global quant à la reconnaissance et la réhabilitation de la mémoire de l'humanité dans son ensemble, pour les « crimes contre l'humanité », y compris ceux antérieurs au XXè

---

[161] Voir à ce sujet la Loi 2001-437 du 20 mai 2001 (Loi TAUBIRA), tendant à la reconnaissance de la traite de l'esclavage en tant que crime contre l'humanité qui dispose : « *La République française reconnaît que la traite négrière transatlantique ainsi que la traite dans l'Océan indien, d'une part, et l'esclavage, d'autre part, perpétrés à partir du XVè siècle, aux Amériques et aux Caraïbes, dans l'Océan indien et en Europe contre les populations africaines, amérindiennes, malgaches et indiennes, constituent un crime contre l'humanité* ».

siècle[162]. Il s'agit des crimes du passé, certes, mais des crimes « *qui défient l'imagination et heurtent profondément la conscience humaine* » ! Aussi, quelle peut être la contribution de la justice pénale à leur traitement, même symbolique ?

En s'abritant systématiquement derrière le principe certes fondamental de la non-rétroactivité de la loi, ce qui est incontestablement fondé, ne serait-il pas judicieux d'explorer parallèlement d'autres possibilités pour solder symboliquement la question des crimes du passé par une forme de reconnaissance suffisamment forte qui tienne en même temps lieu de réparation symbolique ? Les descendants des victimes de ces crimes du passé, qui se comptent par millions à travers le monde, trouveraient sans doute déjà satisfaisante une telle reconnaissance symbolique par la Communauté internationale. Car, comme l'a montré la Cour internationale de justice dès sa première affaire contentieuse en 1949, dans l'affaire du Détroit de Corfou, la satisfaction est en soi une forme de réparation en droit international[163].

---

[162] C'est une voie difficile, certes, comme l'ont montré les fortes tensions lors des deux sommets mondiaux susvisés (Durban I & II). Mais, en même temps, il s'agit d'une voie qui mérite d'être davantage explorée, aux fins d'une mémoire commune de l'humanité. Dans cette hypothèse, il ne saurait être question d'une reconnaissance et d'une réhabilitation des mémoires concurrentielles ou conflictuelles, comme on l'observe malheureusement si souvent.

[163] Royaume-Uni c. Albanie, exceptions préliminaires (25 mars 1948, Rec. 1948, p. 15) ; arrêt (fond) du 9 avril 1949, Rec. 1949, p. 4 ; fixation du montant des réparations (15 décembre 1949, Rec. 1949, p. 244).
En effet, en donnant raison à l'Albanie sur l'atteinte portée à son intégrité territoriale, la CIJ indiquait que « *par les actions de sa marine de guerre dans les eaux albanaises au cours de l'opération des 12-13 novembre*

Enfin, contrairement aux tribunaux pénaux internationaux *ad hoc* pour l'ex-Yougoslavie et pour le Rwanda qui ont la primauté de compétence sur les juridictions nationales, entre autres parce qu'ils sont créés par le Conseil de sécurité des Nations Unies agissant sous chapitre VII de la Charte[164], la Cour, elle, est gouvernée par le principe dit de complémentarité, consacré par l'article 1er du Statut qui est libellé comme suit : « *Elle* [la Cour pénale internationale[165]] *est complémentaire des juridictions criminelles nationales* ».

Ce qui revient à dire qu'un Etat membre du Traité de Rome peut légitimement s'opposer à toute procédure devant la CPI, en faisant valoir la compétence nationale de juridiction, à charge pour le Procureur de la Cour de donner la preuve que l'Etat en question n'a pas la volonté ou est dans l'incapacité de mener véritablement à bien l'enquête ou les poursuites engagées. Ce qui est un peu délicat comme tâche, même si l'article 17, alinéa 2 du Statut de la Cour prévoit des critères plus ou moins objectifs

---

1946, le Royaume-Uni a violé la souveraineté de l'Albanie, cette constatation par la Cour constituant en elle-même une satisfaction appropriée » (Rec. 1949, p. 36). Il en ira de même dans l'arbitrage du 30 avril 1990 qui opposa la Nouvelle-Zélande à la France dans l'affaire du *Rainbow Warrior* (*Revue générale de droit international public*, 1990, p. 838).

[164] Le chapitre VII de Charte des Nations Unies (« *Action en cas de menace contre la paix, de rupture de la paix et d'acte d'agression* ») est celui au titre duquel le Conseil de sécurité dispose de pouvoirs pouvant aller jusqu'à l'emploi de la force armée pour maintenir ou rétablir la paix internationale. Les mesures prises dans ce cadre concernent l'ensemble des Etats membres de l'Organisation, conformément aux dispositions des articles 24 et 25 de la Charte de l'Organisation mondiale.

[165] Nous le précisons.

pouvant servir à déterminer le manque de volonté ou l'incapacité de l'Etat.

Mais, pour des crimes qui touchent l'humanité dans son ensemble et qui, pour une large part d'entre eux, relèvent du droit coutumier, ne devrait-on pas plutôt inverser le procédé en conférant la primauté de juridiction à la CPI et non aux Etats, comme c'est actuellement le cas au vu de l'article 1er du Statut de Rome ? En effet, comment comprendre que pour des crimes identiques commis sur le territoire d'un Etat, la primauté de juridiction ait été donnée aux TPI qui, qui plus est sont des juridictions *ad hoc*, et que la même logique ne puisse pas valoir pour la CPI qui est un mécanisme permanent, établi pour juger des crimes les plus graves, où qu'ils aient été commis dans le monde ?

Les différentes difficultés et dispositions susmentionnées, qui sont autant d'écueils quant au bon fonctionnement et l'efficacité de la CPI, font valoir finalement la primauté des juridictions nationales sur la justice pénale internationale dans un domaine qui rencontre pourtant l'agrément de la composante la plus représentative de la Communauté internationale.

Aussi, la CPI - qui représente tout un symbole de réprobation universelle des crimes les plus graves et de l'impunité -, perd un peu de sa puissance symbolique par cette dépendance vis-à-vis des Etats qui restent finalement maîtres du jeu. En même temps, pouvait-il en être autrement ? En effet, cette

« incohérence » fondamentale entre l'universalité supposée de l'autorité de la Cour et la réalité observable, qui fait d'elle une institution soumise à la bonne volonté de coopérer ou non des Etats qui tiennent généralement à leur souveraineté judiciaire[166], peut dans certains cas être préjudiciable aux victimes de ces crimes et limiter les capacités de cette juridiction à combattre efficacement l'impunité qu'elle est censée faire cesser partout dans le monde.

Mais, au-delà des considérations statutaires, doctrinales et techniques, en quoi la justice pénale internationale peut-elle être concrètement un instrument idoine pour raisonner la raison d'Etat ?

---

[166] GRECIANO Ph., « Justice sur le génocide rwandais. Une coopération judiciaire difficile », *Recueil Dalloz*, n°42, Paris, 2007, pp. 2985-2988.

Deuxième Partie
L'autorité universelle de la justice pénale internationale et son effectivité en question

Dans son discours lors de l'ouverture du Sommet mondial des droits de l'homme de Vienne (Autriche), le 14 juin 1993, Pierre Boutros Ghali, alors Secrétaire général des Nations Unies, tenait le propos suivant qui semble renvoyer à un tournant important dans les relations internationales post-Guerre froide :

« *Je suis tenté de dire que, par leur nature, les droits de l'homme abolissent la frontière traditionnelle entre l'ordre interne et l'ordre international. Ils sont créateurs d'une perméabilité juridique nouvelle. Il s'agit donc de ne les considérer, ni sous l'angle de la souveraineté absolue, ni sous celui de l'ingérence politique. Mais, au contraire, il faut comprendre que les droits de l'homme impliquent la collaboration et la coordination des Etats et des organisations internationales.*

Dans ce contexte, l'Etat devrait être le meilleur garant des droits de l'homme. C'est à l'Etat que la Communauté internationale devrait, à titre principal, déléguer le soin d'assurer la protection des individus. Mais la question de l'action internationale doit se poser lorsque les Etats s'avèrent indignes de cette mission, lorsqu'ils contreviennent aux principes fondamentaux de la Charte et lorsque, loin d'être les protecteurs de la personne humaine, ils en deviennent des bourreaux ».

Dans cette deuxième partie de la réflexion, qui porte sur l'autorité universelle de la justice pénale internationale et les questionnements quant à son effectivité, il nous paraît important de revenir à la distinction classique entre le droit international et le droit interne, en mettant en exergue la radicalité de ce principe qui a longtemps prévalu dans le droit international avant d'être progressivement récusé en grande partie aujourd'hui (I).

Cette mise en exergue nous permettra de mieux préciser, par la suite, qu'il y a un décalage non négligeable entre la consécration de cet universalisme juridique et la réalité observable[167] (II).

Dans la perspective de mieux étayer ce constat, il importe de montrer comment l'autorité de la CPI est parfois mise à mal par le conflit qui oppose cette juridiction mondiale, entre autres aux Etats-Unis ou encore au continent africain où les Etats sont pourtant majoritairement membres du Statut de Rome de 1998 (III).

I. La distinction classique entre le droit international et le droit interne

En partant de la distinction classique entre l'ordre international et le droit interne des Etats, il apparaît qu'il y a une certaine évolution qui tend à « abolir » « [...] *la frontière traditionnelle entre l'ordre interne et*

---

[167]DELMAS-MARTY M., *Trois défis pour un droit mondial, op. cit.*, pp. 7-12.

l'ordre international[168] » (i). Cependant, un retour au principe de souveraineté, à ses fondements mêmes et aux pratiques internationales contemporaines permet de nuancer la caducité supposée de ce principe axial du droit international, c'est-à-dire la distinction entre l'ordre international et le droit interne des Etats (ii).

A. De la radicalité à l'atténuation, voire la caducité (?) du principe

L'une des difficultés majeures à prendre en considération dans la mise en œuvre effective de la justice pénale internationale vient sans doute du fait que cette institution ose une alliance entre deux branches du droit *a priori* incompatibles. En effet, du strict point de vue de la doctrine juridique classique, le droit international et le droit pénal s'excluent mutuellement parce qu'ils ne relèvent pas du même ordre.

L'un, oligarchique et conservateur, reconnaît les Etats comme sujets de droit sur la base de l'égalité souveraine, alors que l'autre vise des individus dans l'ordre interne qui relève de la souveraineté pleine, entière et exclusive de l'Etat. Le premier, une émanation de l'esprit westphalien, est une coordination des souverainetés indépendantes tandis que le second est un attribut fondamental de l'Etat souverain, garant de la sécurité des personnes et de leurs biens dans l'espace national où il a l'exclusivité et la plénitude de ses fonctions régaliennes. Sur la

---

[168] Discours susvisé de Boutros Ghali à Vienne (Autriche) en 1993.

seule base de cette doctrine classique, une justice pénale internationale de portée universelle est difficilement envisageable faute de loi pénale commune à l'ensemble des Etats membres de la Communauté internationale[169].

En effet, il est de notoriété publique en droit que le souverain est celui qui a la compétence de sa compétence et, à ce titre, il n'a de comptes à rendre à personne d'autre qu'à lui-même [170]. Vouloir juger pénalement et à l'international les personnes ayant agi pour le compte d'un Etat souverain, c'est tout simplement vouloir remettre en cause ce sacro-saint principe politico-juridique dont la clé de voûte est précisément la non-justiciabilité du souverain. C'est bien ce principe qui a été consacré par la Charte des Nations Unies, au travers du fameux principe de non-ingérence dans les affaires intérieures des Etats.

D'ailleurs, l'une des dispositions les plus emblématiques de la Charte de l'Organisation mondiale est libellée comme suit : « *Aucune disposition de la présente Charte n'autorise les Nations Unies à*

---

[169] DELSOL C., *La grande méprise*, La Table Ronde, Paris, 2004, pp. 59-70.
[170] La souveraineté, telle qu'elle se dégage de la pensée bodinienne dans Les Six Livres de *La République*. Cette œuvre de Jean Bodin (1529/30-1596) est devenue célèbre pour sa définition de la souveraineté, considérée comme un pouvoir indivisible et absolu reconnu à l'Etat de faire les lois générales. Sans ce pouvoir souverain, il n'y a pas véritablement d'Etat. Cependant, cette conception de l'Etat et de la souveraineté ne peut être comprise qu'en la plaçant dans le contexte et l'univers métaphysique dont est issu l'auteur. C'est pourquoi, la souveraineté, telle que définie par Jean Bodin est *a priori* difficilement défendable aujourd'hui, sauf si l'on s'en tient à une logique purement idéologique plutôt que véritablement empirique de ce principe.

intervenir dans les affaires qui relèvent essentiellement[171] *de la compétence nationale d'un Etat ni n'oblige les Membres à soumettre des affaires de ce genre à une procédure de règlement aux termes de la présente Charte ; toutefois* [172]*, ce principe ne porte en rien atteinte à l'application des mesures de coercition prévues au Chapitre VII*[173] ».

La souveraineté de l'Etat implique ni plus ni moins la non-responsabilité pénale du souverain : « *Le roi ne peut mal faire* », comme le dit un adage de l'ancien droit. Cette impossibilité d'engager la responsabilité pénale du souverain fait toujours autorité, y compris dans les démocraties consolidées où elle est consacrée constitutionnellement, rendant souvent vaines les tentatives de poursuivre pénalement les chefs d'Etat en exercice, notamment pour les faits liés à l'exercice de leurs fonctions[174].

---

[171] Suivant une certaine casuistique de la Charte onusienne, l'on est tenté de préciser qu'il s'agit des affaires qui relèvent « *essentiellement* » (et non « *exclusivement* » !) de la compétence nationale d'un Etat.

[172] Le contraire mentionné dans cette disposition, et que nous tenons à souligner, n'est pas anodin et, sans annuler l'autorité de la disposition précédente, la relativise néanmoins, en la conditionnant aux autres dispositions de la Charte qui autorisent le Conseil de sécurité à user de tous les moyens nécessaires pour maintenir ou rétablir la paix et la sécurité internationales, pourvu que ces moyens soient compatibles avec les buts et principes de l'Organisation mondiale.

[173] Cf. Article 2, alinéa 7 de la Charte. Pour la suite des débats, l'on retiendra avec un intérêt bien particulier la dernière séquence de cet article qui consacre pourtant le principe de non-ingérence dans les affaires intérieures des Etats : « […] *toutefois, ce principe ne porte en rien atteinte à l'application des mesures de coercition prévues au Chapitre VII* ».

[174] BABAN B. S., *La mise en œuvre de la responsabilité pénale du chef d'Etat*, Editions Larcier, Bruxelles, 2012.

La distinction établie entre les infractions relevant du droit international et les autres infractions dans la doctrine classique est claire : les premières concernent les actes et faits commis dans l'espace de contact entre deux ou plusieurs souverainetés[175]. La répression de ces actes a pour but de préserver l'ordre international, c'est-à-dire les *intérêts communs* des Etats, contrairement au droit pénal interne qui vise la protection des *valeurs communes* d'une communauté politique nationale donnée. Cependant, la Communauté internationale se définit non seulement comme une communauté d'intérêts, mais aussi et surtout comme une communauté de valeurs fondamentales considérées elles-mêmes comme universelles, parmi lesquelles figurent en bonne place les droits de l'homme et le droit international humanitaire dont la justice pénale internationale est l'un des instruments principaux de sanction.

Aussi, les nouvelles juridictions pénales internationales se voient-elles attribuer la compétence pour juger deux types d'infractions[176] :

---

[175] Chronologiquement : la piraterie en haute mer, la traite des esclaves, le trafic des stupéfiants, les détournements d'avions, le terrorisme, etc. A cette liste, on pourrait ajouter les atteintes graves à l'environnement ou les atteintes graves aux biens culturels. A ce sujet, voir notamment l'arrêt de la CPI du 26 septembre 2016 par lequel le nommé Ahmad al-Faqi al-Mahdi a été condamné à neuf ans de prison pour la destruction du patrimoine culturel. Le 17 août 2017, la CPI déclare : « *La chambre ordonne des réparations individuelles, collectives et symboliques pour la communauté de Tombouctou, reconnaît que la destruction des bâtiments protégés a causé de la souffrance aux personnes à travers le Mali et la Communauté internationale et estime M. Mahdi responsable pour les réparations à 2,7 millions d'euros* ».
[176] GARAPON A., *Des crimes qu'on ne peut ni punir ni pardonne, op. cit.*, p.

- Certains des crimes relevant du droit international classique, auxquels viennent s'ajouter les crimes d'agression qui ne peuvent être que le fait d'un Etat[177] ;

- Mais aussi une nouvelle catégorie, hybride, qui touche à la fois la sphère nationale et internationale, dans laquelle entrent les crimes de génocide et les crimes contre l'humanité.

Cette deuxième catégorie de crimes est une véritable révolution dans l'univers juridique international en ce sens que la sanction de ces crimes s'impose non seulement à des individus soumis à une souveraineté particulière, mais aussi au souverain lui-même qui doit s'y conformer. Ce qui revient à dire que face aux crimes de masse et devant la justice pénale internationale, la distinction classique entre le droit international et le droit interne tend à s'effondrer.

D'ailleurs, dans son discours précité lors du Sommet mondial des droits de l'homme de Vienne de 1993, Boutros Ghali fait inverser les rôles. Pour lui, en

---

51.

[177] La notion de crime d'agression apparaît dès l'époque de la doctrine de la « guerre juste » et sera définie ultérieurement non seulement comme un fait internationalement illicite, mais désormais comme une infraction pénale, à travers une évolution lente et difficile que l'on peut faire remonter possiblement au Traité de Versailles de 1919, et plus tard à la résolution 3314 (XXIX) de l'Assemblée générale des Nations Unies du 14 décembre 1974. Comme précédemment relevé, le crime d'agression est désormais pleinement reconnu par le Statut de Rome (*Cf.* article 8*bis* « Crime d'agression », précité), suite notamment à l'Amendement adopté par la Conférence de révision de Kampala (Ouganda) de 2010.

effet, ce n'est pas l'Etat qui concède une partie de sa souveraineté à la Communauté internationale mais c'est bien celle-ci qui « délègue » à l'Etat le soin d'assurer la protection des individus : « [...] *C'est à l'Etat que la Communauté internationale devrait, à titre principal, déléguer le soin d'assurer la protection des individus. Mais la question de l'action internationale doit se poser lorsque les Etats s'avèrent indignes de cette mission, lorsqu'ils contreviennent aux principes fondamentaux de la Charte et lorsque, loin d'être les protecteurs de la personne humaine, ils en deviennent des bourreaux* ».

Toutefois, tenant compte de la complexité de la question, un retour aux fondements mêmes du principe de souveraineté paraît indispensable pour mieux situer les enjeux du débat.

B. Retour aux fondements du principe de souveraineté : peut-on toujours parler d'un principe absolu ?

Dire de l'Etat qu'il est une puissance souveraine revient à reconnaître en lui le pouvoir de disposer des compétences suprêmes d'arbitre et, à ce titre, de détenir le droit de prendre des décisions à l'intérieur d'une hiérarchie politico-légale [178]. Le statut de souverain en lui-même suppose l'indépendance vis-à-vis des puissances extérieures et une libre

---

[178] *Cf.* notre article : « Peut-on, à bon droit, parler de rupture dans le droit international depuis la chute du Mur de Berlin ? », *Revue de l'Université catholique de Lyon*, 10/2006, pp. 33-42.

disposition au niveau interne[179]. C'est ce qui confère à l'entité souveraine les attributs de domination ultime sur toutes les composantes internes. Une telle conception de la souveraineté pose d'emblée problème par rapport à l'idée même de l'inaliénabilité et de l'« indiscutabilité » des droits de l'homme. En effet, la souveraineté confère à tout pouvoir des attributs essentiels que l'on peut regrouper en quatre catégories, qui font que le souverain a l'exclusivité et la plénitude de sa compétence, autrement dit la compétence de sa compétence[180].

Premièrement, il s'agit d'un « pouvoir suprême » dans la hiérarchie politico-légale et, à ce titre, la puissance souveraine en tant que titulaire de l'autorité de sa compétence n'a de comptes à rendre à personne d'autre qu'à elle-même. Comment concilier une telle approche de la souveraineté avec l'idée d'une justice pénale internationale ou encore celle selon laquelle les droits de l'homme confèrent à tout individu des droits fondamentaux et des privilèges qui, non seulement s'imposent à l'Etat mais dépassent le cadre national ? En effet, si les droits de l'homme sont une exigence vis-à-vis de l'Etat sans lequel leur réalisation effective n'est pas possible, ils sont en même temps un dépassement de l'Etat en raison justement de leur

---

[179] *Cf.* Cour internationale de justice (CIJ), affaire des activités militaires et paramilitaires au Nicaragua et contre celui-ci (Nicaragua c. Etats-Unis, arrêt du 27 juin1986).
[180] *Dictionnaire de la pensée politique*, Hatier, Paris, 1999, pp. 73 sq. Ces attributs sont constitutifs de deux principes majeurs : le *dominium* (pouvoir domanial) et l'*imperium* (pouvoir impérial).

vocation ultime qui les inscrit dans une finalité universelle[181].

Deuxièmement, la souveraineté est un « pouvoir final » ou de décision dans la hiérarchie politico-légale. Cette deuxième caractéristique de la souveraineté suppose l'exercice d'un contrôle final qui s'effectue par une hiérarchie et la décision du souverain est par principe « insusceptible » de modification par un agent de rang inférieur[182]. Seul le souverain peut décider d'amender ou de changer un acte qui est institué par ses soins.

Cependant, lorsqu'elle est détenue par un individu, la finalité de la souveraineté diffère de celle qui est exercée par une assemblée[183]. Le principe de séparation des pouvoirs et la logique démocratique font que la hiérarchie politico-légale peut néanmoins connaître quelques exceptions. Ainsi en est-il des

---

[181] *Cf.* notre article : « La Déclaration universelle des droits de l'homme ou l'émergence progressive d'un nouvel ordre juridico-éthique mondial », *Revue Aspects*, Numéro hors série, sous la direction de Yadh BEN ACHOUR, 2008, pp. 59-82.

[182] Il existe cependant des recours devant les instances internationales de contrôle et de sanction des violations des droits de l'homme qui, bien évidemment et sauf exceptions particulières, supposent l'épuisement des recours internes. Selon une jurisprudence consolidée, notamment au travers des mécanismes régionaux de protection des droits de l'homme (les systèmes européen, interaméricain et africain), l'épuisement des recours internes suppose que ces recours soient disponibles, accessibles et adéquats. Car, il est désormais admis dans la jurisprudence que l'épuisement des recours internes ne doit pas consister à épuiser les justiciables !

[183] La finalité de la souveraineté exercée par un monarque, par exemple, peut être absolue ; ce qui n'est pas le cas quand il s'agit d'un système de gestion concertée du pouvoir.

décisions de l'autorité suprême pouvant être invalidées par d'autres organes de l'Etat habilités à exercer un tel pouvoir[184]. Il est à noter, toutefois, que l'autorité reconnue à de tels organes ne peut s'exercer qu'à l'intérieur de la sphère nationale et selon la volonté de l'Etat d'instituer de tels mécanismes.

Troisièmement, la souveraineté est un « pouvoir général » avec pour conséquence la généralité d'effets. Ce principe de généralité signifie que c'est le souverain qui influence le cours des actions, au niveau de son domaine d'action ou suivant le but visé, lequel doit avoir une certaine importance collective, appelé aussi « intérêt général ». Le contractualisme a posé la souveraineté comme une abstraction issue du contrat social et que, à ce titre, elle ne pouvait viser autre chose que l'intérêt de tous : « *Le souverain n'étant formé que des particuliers qui le composent, n'a ni ne peut avoir d'intérêt contraire au leur*[185] ». L'une des questions centrales posées par le contractualisme est justement de savoir comment intégrer les intérêts particuliers dans la détermination et la mise en œuvre de l'intérêt général, que l'on peut aussi appeler le bien commun[186] ?

La même problématique se pose au sujet de la compatibilité ou non des intérêts particuliers des Etats

---

[184] C'est le cas, notamment du contrôle de constitutionnalité qui existe dans de nombreux pays et qui, selon les traditions, peut s'effectuer de façon offensive (contrôle *a priori*) ou de façon défensive (contrôle *a posteriori*).
[185] ROUSSEAU J.-J., *Du contrat social*, Paris, Aubier-Montaigne, 1943, p. 59.
[186] *Idem*, pp. 17-22.

et l'« intérêt supérieur » de la Communauté internationale dans son ensemble [187]. Or, la justice pénale internationale est instituée et dite au nom de l'intérêt supérieur de la Communauté internationale (entre autres intérêts, la paix et la sécurité internationales) et des valeurs universelles qui dépassent les intérêts particuliers des Etats. C'est certainement le sens de la primauté de juridiction accordée aux TPI sur les juridictions nationales des Etats, par exemple, aux fins de sanctionner prioritairement les crimes les plus graves qui heurtent la conscience de l'humanité dans son ensemble.

Quatrièmement, enfin, la souveraineté de l'Etat pose la question de l'autonomie de la puissance souveraine et celle de son indépendance. L'Etat peut-il, par exemple, « désuniversaliser » les droits de l'homme pour en assurer un traitement qui soit exclusivement national, au nom de son autonomie ou d'une exception quelconque, idéologique, culturelle, religieuse ou pour d'autres raisons [188] ?

De même, le souverain étant statutairement indépendant dans ses rapports avec les autres puissances, qu'elles soient internes ou externes, est-il fondé de vouloir le soumettre à un contrôle relatif à sa

---

[187] V. à ce sujet, l'article 103 de la Charte des Nations Unies qui dispose : « *En cas de conflit entre les obligations des Membres des Nations Unies en vertu de la présente Charte et leurs obligations en vertu de tout autre accord international, les premières prévaudront* ».
[188] Cf. DELMAS-MARTY M., *Trois défis pour un droit mondial*, Paris, Seuil-Essais, 1998. Voir aussi à ce sujet notre article : « L'Etat : une condition *sine qua non* pour la réalisation des droits de l'homme », *op. cit.*

gestion des droits de l'homme dont il est la condition de possibilité, le garant et l'opérateur principal[189] ?

La question se pose fondamentalement, surtout lorsqu'il s'agit par exemple des situations où le Procureur de la CPI est amené à se saisir *proprio mutu*. Dans ces cas de figure, l'Etat concerné est en réalité considéré comme défaillant, voire de mauvaise foi, et il n'est conséquemment pas possible de s'attendre à ce qu'il garantisse effectivement ce qui représente l'intérêt supérieur de la Communauté internationale, en recherchant pour les juger les auteurs présumés des crimes internationaux qui se trouveraient sous sa juridiction.

La représentation de l'Etat comme puissance souveraine et ayant l'exclusivité de sa compétence est tout entier aux antipodes de la conception universaliste et transcendante des droits l'homme comme droits de l'individu opposables *urbi* et *orbi* et dont la justice pénale internationale se veut être le garant ultime.

Pourtant, c'est bien cette représentation de l'Etat en tant que puissance souveraine que la Communauté internationale a adoptée comme principe de base des relations internationales [190]. Les implications

---

[189] Ces questions renvoient aux fonctions dévolues aux mécanismes internationaux de contrôle et de sanction des violations des droits de l'homme avec, notamment, le droit de recours individuel qui permet de sanctionner sur le plan international une violation des droits de l'homme imputable à un Etat.
[190] Voir l'article 2, alinéa 7, précité de la Charte des Nations Unies.

théoriques et pratiques de la souveraineté étatique sont à l'origine d'une importante production juridique, avec un impact certain sur le droit international, tant au niveau normatif que jurisprudentiel[191], et la justice pénale internationale n'échappe pas à ce constat global[192].

En effet, comme déjà évoqué, le fondement westphalien du droit international en fait un droit à la fois oligarchique et profondément conservateur. Le droit international est avant tout un droit *oligarchique*, car il s'agit d'un droit conçu à la base *par* et *pour* les Etats qui en étaient statutairement, et à l'origine, les seuls sujets. Bien évidemment, cette exclusivité de compétence est aujourd'hui « disputée » par les organisations internationales ainsi que les ONG, dont on connaît désormais la capacité d'influence sur les grandes décisions internationales, comme par exemple la sanction des crimes contre l'humanité. Ce pouvoir de plus en plus important des ONG s'est illustré notamment lors de l'adoption du Traité de

---

[191] Voir, entre autres, les arrêts de la CIJ relatifs à :
- L'affaire du Détroit de Corfou (Royaume Uni c. Albanie, arrêt du 9 avril 1949) ;
- L'affaire des activités militaires et paramilitaires au Nicaragua et contre celui-ci (Nicaragua c. Etats-Unis, ordonnance en mesures conservatoires du 10 mai 1984 et arrêt du 27 juin 1986), etc.

[192] *Cf.* Article 1er du Statut de Rome qui, en dépit de tout ce qui précède, ne confère à la CPI qu'une compétence complémentaire de celle des juridictions nationales et ce, nonobstant sa vocation universelle et la gravité des infractions relevant de la compétence matérielle de cette juridiction pénale internationale permanente.

Rome du 17 juillet 1998 où pas moins de 123 d'entre elles ont pris part aux travaux préparatoires[193].

Fondé sur le principe de souveraineté et sur la non-ingérence dans les affaires intérieures des Etats, le droit international a principalement pour vocation de garantir à chaque Etat, en tant qu'entité politique souveraine, le respect de son intégrité territoriale et de son droit à l'autodétermination. L'esprit westphalien qui fonde ce droit découle de sa mission d'instituer des règles juridiques claires, de nature à éviter les guerres à répétition et les conquêtes territoriales qui ont eu de graves conséquences par le passé[194].

Le droit international est aussi un droit *conservateur* car, suivant son inspiration et sa logique westphaliennes susvisées, il s'agit principiellement d'un simple outil de coordination des souverainetés

---

[193] TINE A., *La Cour pénale internationale : l'Afrique face au défi de l'impunité*, Dakar, Editions RADDHO, 2000, p. 28.
[194] Sur la base du Traité de Westphalie de 1648, l'Europe devint un ensemble d'Etats disposant de frontières plus ou moins précises et reconnues à l'intérieur desquelles les princes pouvaient exercer leur souveraineté de façon pleine et entière. Parmi les caractéristiques des Etats modernes issus de l'esprit westphalien, on peut citer, entre autres, la constitution d'armées permanentes pour remédier à la fois aux insuffisances et les méfaits du système de mercenariat, l'expression par les élites du fait national et de la langue, qui apparaît comme un facteur de renforcement de l'unité nationale. L'équilibre des forces entre les Etats et le respect mutuel vont progressivement se substituer au rêve d'une monarchie universelle et, dès 1623, le Hollandais Hugo GROTIUS publie le *De jure belli ac pacis* dans lequel il propose de constituer une société mutuelle entre nations, c'est-à-dire une organisation internationale. Cet ouvrage, qui connut immédiatement un très grand succès, est considéré aujourd'hui encore comme une véritable référence sur les fondements et les principes directeurs du droit international.

dont la clé de voûte est inévitablement la souveraineté[195], laquelle implique la non-ingérence dans les affaires intérieures et, *in fine*, la non-justiciabilité du souverain, quels que soient ses actes ! Vu sous cet angle strictement westphalien, la souveraineté implique ni plus ni moins l'irresponsabilité du souverain, car il ne peut viser que le bien collectif[196]. La non-justiciabilité du souverain peut aller jusqu'à l'impossibilité de juger ses commis ou agents pour les faits avérés de violations des droits fondamentaux de l'homme, pourvu que cela soit lié à l'exercice de leurs fonctions au service de l'Etat[197].

Cependant, il importe également de préciser que les différentes modalités contemporaines d'atténuation de la souveraineté permettent de trouver un équilibre nécessaire à une double exigence :

- D'une part, le respect des droits de l'homme, marqués du sceau de l'universalité et dont la justice pénale internationale se veut le bouclier (ou l'épée !)[198] ;

---

[195] *Cf.* CPJI, arrêt du 7 septembre 1927, affaire Lotus (France c. Turquie).
[196] Comme le dit le vieil adage précité de l'Ancien Régime, « *Le roi ne peut mal faire* » !
[197] *Cf.* l'affaire précitée du Mandat d'arrêt du 11 avril 2000 (République démocratique du Congo c. Royaume de Belgique, arrêt du 14 février 2002).
[198] CARTUYVELS Y., DUMONT H., OST F., VAN DE KERCHOVE M. & VAN DROOGHENBROECK S. (dir.), *Les droits de l'homme, bouclier ou épée du droit pénal* ? Bruxelles, Edition des Facultés Universitaires Saint-Louis Bruxelles (FUSL), 2007.

- Et, d'autre part, le respect de la souveraineté des Etats que consacre le sacro-saint principe de non-ingérence dans les affaires intérieures.

Cette atténuation de la souveraineté étatique, fondée entre autres sur l'universalité des droits de l'homme[199], participe des mutations actuelles du droit international dont la justice pénale internationale est l'une des expressions les plus tangibles[200].

Toutefois, il convient de faire observer que, sur le plan opérationnel, l'on doit tenir compte de nombreux autres paramètres, juridiques et extrajuridiques, qui tendent à relativiser cette autorité universelle supposée de la justice pénale internationale par rapport aux crimes que l'on considère comme heurtant la conscience de l'humanité dans son ensemble.

II. La mise en œuvre de la justice pénale internationale : du principe à la réalité observable

In concreto, la justice pénale internationale fait peser l'épée de Damoclès aussi bien sur ceux qui sont en position d'ordonner la commission des crimes d'Etat, notamment les dirigeants politiques, chefs militaires et/ou autres supérieurs hiérarchiques[201], que sur les

---

[199] PALLARD H. & TZITZIS S., *La mondialisation et la question des droits fondamentaux*, Laval, Presses Université Laval, 2004.
[200] Ainsi en est-il, une fois encore, du fameux principe de complémentarité déjà évoqué, en rapport avec l'article 1er du Statut de Rome.
[201] Article 28 du Statut de la CPI.

exécutants des ordres visant à commettre de tels crimes[202]. Cette menace vaut également pour tous ceux qui ne sont pas forcément en position de commandement ou d'exécutants mais dont l'implication peut être établie dans la commission de ces crimes en tant qu'auteurs intellectuels, planificateurs ou incitateurs[203], etc.

---

[202] Article 33 du Statut de la CPI intitulé : « Ordre hiérarchique et ordre de la loi ». Cet article dispose :
« 1. *Le fait qu'un crime relevant de la compétence de la Cour a été commis sur ordre d'un gouvernement ou d'un supérieur, militaire ou civil, n'exonère pas la personne qui l'a commis de sa responsabilité pénale, à moins que* :
a) *Cette personne n'ait eu l'obligation légale d'obéir aux ordres du gouvernement ou du supérieur en question ;*
b) *Cette personne n'ait pas su que l'ordre était illégal ;* et [que]
c) *L'ordre n'ait pas été manifestement illégal.*
2. *Aux fins du présent article, l'ordre de commettre un génocide ou un crime contre l'humanité est manifestement illégal* »

[203] Articles 25, alinéas 1, 2 et 3 du Statut de la CPI, notamment les dispositions *e* et *f* aux termes desquelles :
1. « *La Cour est compétente à l'égard des personnes physiques en vertu du présent Statut* » (alinéa 1er) ;
3. « *Quiconque commet un crime relevant de la compétence de la Cour est individuellement responsable et peut être puni conformément au présent Statut* » (alinéa 2) ;
3. « *Aux termes du présent Statut, une personne est pénalement responsable et peut être punie pour un crime relevant de la compétence de la Cour si* :
- […] ;
- e) *S'agissant du crime de génocide, elle incite directement et publiquement autrui à le commettre ;*
- f) *Elle tente de commettre un tel crime par des actes qui, par leur caractère substantiel, constituent un commencement d'exécution mais sans que le crime soit accompli en raison de circonstances indépendantes de sa volonté. Toutefois, la personne qui abandonne l'effort tendant à commettre le crime ou en empêche de quelque autre façon l'achèvement ne peut être punie en vertu du présent Statut pour sa tentative si elle a complètement et volontairement renoncé au dessein criminel* » (alinéas 3 e & f).

C'est sans doute ce spectre général, sans limite dans le temps et dans l'espace, en raison de la nature particulièrement grave de ces crimes, qui explique les nombreuses manœuvres de certains Etats, y compris les plus puissants d'entre eux, pour éviter le désagrément et l'opprobre suprême de voir leurs plus hauts responsables, civils ou militaires, être jugés à l'étranger [204]. Ces manœuvres diverses, parfois assorties de menaces à peine voilées, ont souvent eu pour conséquences de bloquer les poursuites visant certains dirigeants même si, dans certains autres cas, ces procédures ont été menées jusqu'à leur terme[205] (émissions de mandats d'arrêt, transfèrements de suspects, inculpations, condamnations, acquittements, etc.).

---

[204] C'est notamment le cas des Etats-Unis qui, au travers des accords bilatéraux d'immunité avec des Etats parties au Statut de Rome et par lesquels ces derniers s'engagent à ne pas transférer à la CPI des ressortissants américains qui se trouveraient sur leurs territoires et qui seraient recherchés par la juridiction de La Haye en vertu de l'article 12 de son Statut.
Voir aussi à ce sujet, notre article intitulé : « La Cour pénale internationale n'est pas l'arme des puissants, elle les insécurise », *La Libre Belgique*, 29 juin 2020.

[205] L'on relèvera à ce sujet les crises diplomatiques liées, entre autres, aux affaires :
- Le Procureur c. Omar Hassan Ahmad al-Bachir : après deux mandats d'arrêts délivrés par la CPI, respectivement le 4 mars 2009 et le 12 juillet 2010, suite à des allégations de crimes internationaux qui auraient été commis entre 2003 et 2008 au moins au Darfour (Soudan) ;
- Le Procureur c. Laurent Gbagbo et Charles Blé Goudé (respectivement suite aux mandats d'arrêt du 23 novembre 2011 et 21 décembre 2011) pour faits de crimes contre l'humanité qui auraient été perpétrés entre 2010 et 2011 en Côte d'Ivoire, dans un contexte de violences postélectorales ;
- Etc.

Parmi les oppositions notoires à la compétence de la CPI, l'on retiendra en particulier celle des Etats-Unis qui a pris différentes formes, tant sur le plan national qu'international[206]. En effet, profitant de sa position dominante au sein des institutions internationales, notamment onusiennes, cet Etat s'est livré à une véritable campagne de neutralisation de l'autorité de la CPI, par exemple au sein du Conseil de sécurité[207]. Cette stratégie visant à saper l'autorité de la CPI s'est aussi traduite par la conclusion d'accords bilatéraux d'immunité avec de nombreux Etats pourtant membres du Statut de Rome[208].

Il est à noter que la même stratégie s'est également déployée sur le plan interne, avec notamment la loi intitulée *American Servicemembers' Protection Act*[209], une législation ouvertement opposée à la mise en œuvre de la CPI, en prohibant toute coopération positive des Etats-Unis avec les Etats parties au Statut de cette institution pénale internationale. Il s'agit d'une interdiction qui s'étend aussi à toute démarche internationale, comportant un risque quelconque de voir un ressortissant américain, ou toute personne placée sous la juridiction de cet Etat, être jugée par la juridiction de La Haye.

---

[206] COULEE F., « Sur un Etat tiers bien peu discret : les États-Unis confrontés au Statut de la Cour pénale », *Annuaire français de droit international*, vol. 49, 2003, Numéro 1, pp. 32-70.
[207] *Ibid.*
[208] *Idem.*
[209] Cette loi a été adoptée le 2 août 2002, juste un mois après l'entrée en vigueur du Statut de Rome.

Enfin, les Etats-Unis de Donald Trump n'ont pas hésité à user de menaces diverses contre le personnel de la Cour pénale internationale, en commençant par la Procureure générale, et tout cela au mépris des principes fondamentaux qui garantissent l'indépendance ainsi que l'impartialité des juges[210].

A. La compétence matérielle

Les crimes relevant de la compétence matérielle de la justice pénale internationale sont des « crimes internationaux » et, à ce titre, ils sont considérés comme touchant aux intérêts de l'ensemble de la Communauté internationale et non seulement à ceux des Etats concernés ou des victimes directes. Cela consiste à considérer que c'est la Communauté internationale dans son ensemble qui serait en droit, en tant que victime, d'exiger la sanction de ces crimes qui ne doivent pas rester impunis pour ainsi dire.

Aussi, compte dûment tenu de la nature de ces crimes marqués du sceau de l'imprescriptibilité, les auteurs présumés des actes y relatifs que l'on peut alors qualifier logiquement de « criminels contre l'humanité », sont en quelque sorte des « ennemis du genre humain » (ce qui renvoie à l'ancienne notion d'*hostis humani generis* précédemment évoquée). Dès lors, l'Etat du for est libéré de la charge de la preuve quant à sa qualité et/ou de son intérêt particulier à agir. Car, de telles actions de poursuites relèveraient

---

[210] Voir aussi à ce sujet, notre article intitulé : « La Cour pénale internationale n'est pas l'arme des puissants, elle les insécurise », *La Libre Belgique, op. cit.*

des obligations de cet Etat envers la Communauté internationale tout entière[211], sans que les principes traditionnels de compétence personnelle, active ou passive, ou encore de compétence réelle ne soient requis.

De même, le principe ancestral en droit international qui voudrait qu'une chose conclue ne puisse ni profiter ni nuire à un Etat tiers (*res inter alios acta*) devient inopposable dans le cadre des poursuites contre les auteurs présumés des crimes contre l'humanité. En parlant de l'inopposabilité du principe *res inter alios acta*, importe-t-il de souligner que ce principe a déjà été évoquée par la Cour internationale de justice dans son avis consultatif du 11 avril 1949 au sujet de l'affaire du Comte suédois Folke Bernadotte[212]. La Cour a estimé, en effet, que l'ONU « *était destinée à exercer des fonctions et à jouir des droits qui ne peuvent s'expliquer que si l'Organisation possède une large mesure de personnalité internationale et la capacité d'agir sur le plan international*[213] ». Toute la solution de la consultation semble se résumer dans la formule susvisée. Car, pour la Cour internationale de justice, la « *personnalité juridique internationale de l'ONU*[214] » est fondamentalement une « *personnalité internationale objective* [215] » dont l'opposabilité ne

---

[211] Voir à ce sujet la Cour internationale de justice (CIJ), arrêt précité du 5 février 1970, relatif à l'affaire *Barcelona Traction Light and Power Company* (Belgique c. Espagne).

[212] *Cf.* Affaire relative à la réparation des dommages subis au service des Nations Unies (Rec., 1949, p. 185).

[213] Rec., 1949, p. 179.

[214] *Idem*.

[215] *Ibid*.

saurait se limiter aux seuls Etats membres de l'Organisation.

C'est sans doute ce qui a prévalu dans le cas du Soudan, avec les poursuites engagées contre des ressortissants de ce pays qui n'est pourtant pas partie au Traité de Rome. En effet, bien que le Soudan ne soit pas un État partie au Statut de Rome, le Conseil de sécurité des Nations Unies a, par la résolution 1593 (2005) du 31 mars 2005, déféré à la CPI la situation au Darfour, en constatant que « *la situation au Soudan continue de faire peser une menace sur la paix et la sécurité internationales* ». Dès lors, la CPI pouvait exercer sa compétence à l'égard des crimes visés par le Statut de Rome et commis sur le territoire du Darfour au Soudan par les ressortissants de cet État à compter du 1er juillet 2002[216].

---

[216] L'ouverture en juin 2005 de l'enquête menée par la CPI a conduit à plusieurs affaires et les suspects, parmi lesquels figurent des responsables gouvernementaux soudanais, des dirigeants de milices (dont les fameux miliciens *Janjawid*) et des dirigeants du Front de résistance, sont notamment mis en cause pour les crimes suivants :
1. Les *crimes de génocide* : il s'agit notamment du génocide par meurtre, du génocide par atteinte grave à l'intégrité physique ou mentale et du génocide par soumission intentionnelle à des conditions d'existence devant entraîner la destruction physique de chaque groupe visé ;
2. Les *crimes de guerre* : cette catégorie de crimes concerne notamment le meurtre, l'attaque contre la population civile, la destruction de biens, le viol, le pillage et les atteintes à la dignité de la personne, les atteintes à la vie et à l'intégrité corporelle, le fait de diriger intentionnellement des attaques contre le personnel, les installations, le matériel, les unités ou les véhicules employés dans le cadre d'une mission de maintien de la paix ;
3. Les *crimes contre l'humanité* : il s'agit notamment du meurtre, de la persécution, du transfert forcé de population, du viol, des actes inhumains, de l'emprisonnement ou autre forme de privation grave de liberté, de la torture et de l'extermination.

Relevons que le renvoi du Conseil de sécurité fait suite à la création, par le Secrétaire général des Nations Unies, d'une Commission « *pour enquêter* [...] *sur les informations faisant état de violations du droit international humanitaire et des instruments internationaux relatifs aux droits de l'homme par toutes les parties dans le Darfour, pour déterminer également si des actes de génocide ont eu lieu et pour identifier les auteurs de ces violations afin de s'assurer que les responsables aient à répondre de leurs actes* ». Par conséquent, la Commission onusienne a tenu compte d'un certain nombre de faits vérifiables dans l'élaboration de son rapport, notamment :

- Le grand nombre de déplacés et de réfugiés (environ 1 650 000 déplacés au Darfour, selon les estimations de l'ONU, et plus de 200 000 réfugiés venus du Darfour et accueillis au Tchad voisin) ;

- La destruction de plusieurs villages sur tout le territoire des trois États du Darfour[217], etc.

La situation au Darfour a ainsi été la première à être déférée à la CPI par le Conseil de sécurité des Nations Unies et a donné lieu à la première enquête de la CPI sur le territoire d'un État non partie au Statut de Rome. Il s'agissait aussi de la première enquête de la CPI portant sur des allégations de génocide.
Par ailleurs, il convient de signaler que l'ex. Président soudanais Omar al-Bachir est le premier chef d'État en exercice à être recherché par la CPI, et la première personne poursuivie par la Cour pour des faits de génocide. A ce jour, aucun des deux mandats d'arrêt délivrés à son encontre n'a été exécuté.

[217] Il s'agit notamment du Darfour-Nord (*Chamal Darfour*), du Darfour-Sud (*Djanoub Darfour*) et du Darfour occidental (*Gharb Darfour*).

En sus, il faut dire que la Cour pénale internationale a « la compétence de sa compétence » en ce sens qu'il n'y a pas d'instance judiciaire qui lui soit hiérarchiquement supérieure. Certes, le Conseil de sécurité a la possibilité d'intervenir pour suspendre des poursuites engagées par cette juridiction, mais cette intervention ne peut être motivée que par des raisons politiques, notamment l'intérêt de la paix[218], et non pour des considérations proprement techniques en rapport avec le principe *res inter alios acta*.

B. La compétence temporelle

Ces crimes sont déclarés imprescriptibles tant que leurs auteurs présumés sont en vie. Ce qui implique l'inopposabilité, voire la caducité des mesures internes et traditionnelles comme l'amnistie ou encore la grâce si de telles mesures « ne servent pas les intérêts de la justice » ou, pire, si ces mesures ont pour vocation de soustraire à la sanction de la justice pénale internationale les auteurs présumés des crimes visés à l'article 5 du Statut de Rome[219].

---

[218] *Cf.* Article 16 du Statut de Rome « Sursis à enquêter ou à poursuivre » qui dispose : « *Aucune enquête ni aucune poursuite ne peuvent être engagées ni menées en vertu du présent Statut pendant les douze mois qui suivent la date à laquelle le Conseil de sécurité a fait une demande en ce sens à la Cour dans une résolution adoptée en vertu du chapitre VII de la Charte des Nations Unies ; la demande peut être renouvelée par le Conseil dans les mêmes conditions* ».

[219] *Cf.* Article 17 du Statut de Rome : « Questions relatives à la recevabilité » :
« 1. *Eu égard au dixième alinéa du préambule et à l'article 1er, une affaire est jugée irrecevable par la Cour lorsque :*

Cela suppose également que ces crimes ne soient pas effaçables [220] et, dans cette hypothèse, toute la panoplie classique concourant à la non-justiciabilité du souverain et de ses agents ne peut pas non plus, *a priori*, faire recette.

C. La compétence territoriale

Le caractère imprescriptible et universel des crimes contre l'humanité tend à relativiser le principe de

---

a) *L'affaire fait l'objet d'une enquête ou de poursuites de la part d'un Etat ayant compétence en l'espèce, à moins que cet Etat n'ait pas la volonté ou soit dans l'incapacité de mener véritablement à bien l'enquête ou les poursuites ;*
b) *L'affaire a fait l'objet d'une enquête de la part d'un Etat ayant compétence en l'espèce et que cet Etat a décidé de ne pas poursuivre la personne concernée, à moins que cette décision ne soit l'effet du manque de volonté ou de l'incapacité de l'Etat de mener véritablement à bien des poursuites ;*
[...]
2. *Pour déterminer s'il y a manque de volonté de l'Etat dans un cas d'espèce, la Cour considère l'existence, eu égard aux garanties d'un procès équitable reconnues par le droit international, de l'une ou de plusieurs des circonstances suivantes :*
a) *La procédure a été ou est engagée ou la décision de l'Etat a été prise dans le dessein de soustraire la personne concernée à sa responsabilité pénale pour les crimes relevant de la compétence de la Cour visés à l'article 5 ;*
b) *La procédure a subi un retard injustifié qui, dans les circonstances, est incompatible avec l'intention de traduire en justice la personne concernée ;*
c) *La procédure n'a pas été ou n'est pas menée de manière indépendante ou impartiale mais d'une manière qui, dans les circonstances, est incompatible avec l'intention de traduire en justice la personne concernée.*
3. *Pour déterminer s'il y a incapacité de l'Etat dans un cas d'espèce, la Cour considère si l'Etat est incapable, en raison de l'effondrement de la totalité ou d'une partie substantielle de son propre appareil judiciaire ou de l'indisponibilité de celui-ci, de se saisir de l'accusé, de réunir les éléments de preuve et les témoignages nécessaires ou de mener autrement à bien la procédure* ».
[220] *Cf.* Article 29 du Statut de la CPI : « *Les crimes relevant de la compétence de la Cour ne se prescrivent pas* ». Voir aussi à ce sujet : GARAPON A., *Des crimes qu'on ne peut ni punir ni pardonner, op. cit.*

territorialité ou encore de compétence personnelle. A ce titre, la présence des auteurs présumés sur le territoire d'un Etat devrait suffire pour conférer à cet Etat le droit de poursuites, sans d'autres obligations ou liens particuliers avec ces crimes.

Bien au contraire, conformément au principe de la compétence universelle de juridiction, l'obligation est faite aux Etats sur les territoires desquels se trouveraient les auteurs présumés de ces crimes soit de les juger, soit de les extrader, entre autres en se conformant au principe susvisé *aut dedere aut judicare*, sur le fondement notamment des dispositions cumulées des articles 5 et 7 précités de la Convention internationale contre la torture, les peines ou traitements inhumains et dégradants de 1984. Toutefois, pour ce qui concerne la CPI, il n'échappe à personne que le principe de territorialité reste toujours de mise et de base, en vertu notamment du caractère principalement complémentaire de la compétence de cette juridiction pénale internationale permanente.

D. La compétence personnelle

La responsabilité pénale reste par principe strictement personnelle et ce principe est valable tout autant devant des juridictions pénales internationales, indépendamment de la qualité officielle et/ou des mobiles politiques qui auraient présidé à la commission des crimes contre l'humanité. Le Statut de la CPI consacre et consolide le principe du défaut de pertinence de la qualité officielle[221]; ce qui permet de s'assurer là encore que toute la panoplie classique des immunités ou autres privilèges statutaires ne peut plus faire recette, comme cela a dû être opportunément rappelé par la justice anglaise, notamment dans l'affaire Augusto Pinochet[222].

Le Statut de la CPI consacre également la responsabilité des chefs militaires et autres supérieures hiérarchiques[223]. Aussi, un chef militaire est-il pénalement responsable lorsqu'il savait, en raison des circonstances, ou aurait dû savoir que les forces placées sous son autorité commettaient ou allaient commettre des crimes prévus à l'article 5 du Statut et qu'il n'a pas pris, en conséquence, des mesures raisonnables pour en empêcher l'exécution ou n'en a pas référé par la suite aux autorités

---

[221] *Cf.* Article 27 « Défaut de pertinence de la qualité officielle » :
« 1. *Le présent Statut s'applique à tous de manière égale, sans aucune distinction fondée sur la qualité officielle. En particulier, la qualité officielle de chef d'Etat ou de gouvernement, de membre d'un gouvernement ou d'un parlement, de représentant élu ou d'agent d'un Etat, n'exonère en aucun cas de la responsabilité pénale au regard du présent Statut, pas plus qu'elle ne constitue en tant que telle un motif de réduction de la peine.*
2. Les immunités ou règles de procédure spéciales qui peuvent s'attacher à la qualité officielle d'une personne, en vertu du droit interne ou du droit international, n'empêchent pas la Cour d'exercer sa compétence à l'égard de cette personne ».
[222] *Cf.* Lord Nicholls, exprimant l'opinion de la majorité de la Cour suprême dans cette affaire : "*International law has made plain that certain types of conduct, including torture and hostage-taking, are not acceptable conduct on the part of anyone. This applies as much to heads of state, or even more so, as it does to everyone else. The contrary conclusion would make a mockery of international law*".
[223] *Cf.* Article 28 du Statut de Rome.
Il convient de relever que le Statut de Rome ne fait ici qu'entériner, en réalité, le critère de l'article 7 du Statut de Nuremberg.

compétentes aux fins d'enquête. Si la doctrine de la responsabilité du supérieur hiérarchique ne concernait à l'origine que les chefs militaires par rapport à leurs subordonnées, l'évolution du droit international contemporain étend cette responsabilité également aux civils[224].

De même, la responsabilité du supérieur hiérarchique peut être engagée non seulement pour les crimes de guerre mais aussi pour les crimes contre l'humanité et les crimes de génocide[225]. Cependant, contrairement aux textes statutaires des TPI, ceux de la CPI opèrent une distinction entre le supérieur militaire et le supérieur civil, avec une réglementation plus stricte pour le premier que pour le second[226]. Ainsi, la responsabilité du supérieur militaire est aussi engagée dès lors que celui-ci « aurait dû savoir » que ses troupes commettent ou allaient commettre ces crimes[227].

---

[224] CASSESE A., SCALIA D. & THALMANN V., *Les grands arrêts de droit international, op. cit.*, pp. 339-340.
[225] A titre d'illustration, voir l'article 7, §3 du Statut du TPIY qui dispose : « *Le fait que l'un quelconque des actes visés aux articles 2 à 5 du présent statut a été commis par un subordonné ne dégage pas son supérieur de sa responsabilité pénale s'il savait ou avait des raisons de savoir que le subordonné s'apprêtait à commettre cet acte ou l'avait fait et que le supérieur n'a pas pris les mesures nécessaires et raisonnables pour empêcher que ledit acte ne soit commis ou en punir les auteurs* ».
[226] CASSESE A., SCALIA D. & THALMANN V., *Les grands arrêts de droit international, op. cit.*, pp. 339-340.
[227] Cf. Article 28, §1, intitulé : « Responsabilité des chefs militaires et autres supérieurs hiérarchiques » :
« *Outre les autres motifs de responsabilité pénale au regard du présent Statut pour des crimes relevant de la compétence de la Cour :*
Un chef militaire ou une personne faisant effectivement fonction de chef militaire est pénalement responsable des crimes relevant de la compétence de la

Dans cette logique, la politique de sanction pénale des crimes contre l'humanité aboutit également à la caducité du principe de l'obéissance due[228]. C'est sans doute à ce titre, par exemple, que les fameuses lois argentines de 1986 et 1987, dites respectivement du « Point final » et de « l'Obéissance due » ont été abrogées en 2003 par le Parlement argentin, dans les semaines suivant l'arrivée au pouvoir du péroniste Nestor Kirchner[229]. Par la suite, la Cour suprême d'Argentine a déclaré inconstitutionnelles ces lois d'amnistie qui ont permis à environ un millier de militaires, coupables d'atteintes graves aux droits de l'homme sous la dernière dictature (1976-1983), de se soustraire notamment à la justice de cet Etat[230].

Cour commis par des forces placées sous son commandement et son contrôle effectifs, ou sous son autorité et son contrôle effectifs, selon le cas, lorsqu'il n'a pas exercé le contrôle qui convenait sur ces forces dans les cas où :
Il savait, ou, en raison des circonstances, aurait dû savoir, que ces forces commettaient ou allaient commettre ces crimes ; et
Il n'a pas pris toutes les mesures nécessaires et raisonnables qui étaient en son pouvoir pour en empêcher ou en réprimer l'exécution ou pour en référer aux autorités compétentes aux fins d'enquête et de poursuites ».
[228] Cf. Article 33 du Statut de Rome.
[229] La *ley de Obediencia Debida* (Loi n° 23.521, en français la « Loi de l'Obéissance due ») a été promulguée en le 4 juin 1987 sous le gouvernement de Raúl Alfonsín. Mais le Congrès national argentin a finalement abrogé cette loi en 2003 par la Loi n° 25.779 qui a autorisé la réouverture de procès pour des faits de crimes contre l'humanité commis durant la dictature militaire. C'est à la suite de cette loi d'abrogation de 2003 que le procès de Miguel Etchecolatz, second en chef de la police provinciale de Buenos Aires, a été organisé et s'est achevé en septembre 2006. C'est ainsi que le « terrorisme d'État » mis en place pendant la dictature militaire en Argentine a été reconnu comme étant une forme de génocide.
[230] La Cour suprême a adopté cette décision le 14 juin 2005, à une large majorité de sept des neuf de ses membres.

Aussi tout exécutant des crimes contre l'humanité doit-il avoir à l'esprit que ces faits sont manifestement illicites au regard du droit international[231], passibles de sanctions pénales donc, et qu'il ne peut espérer bénéficier d'une quelconque garantie d'immunité, ni même d'une exonération. A ce sujet précis, l'intention des rédacteurs du Statut de Rome de 1998 ne semble guère prêter à confusion : quelle que soit sa qualité, du simple soldat au haut gradé, parlementaires, ministres, chefs d'Etat ou de gouvernement, journalistes, religieux, etc., nul ne peut prétendre à une quelconque immunité en cas de commission de crimes contre l'humanité ou même d'incitation à commettre de tels crimes. Toute tentative de commettre, d'ordonner ou même une simple incitation à commettre l'un quelconque des crimes contre l'humanité, pour quelque motif que ce soit (politique, idéologique, culturel ou autres...), appelle nécessairement et de façon imprescriptible à la sanction pénale.

Toutefois, le droit pénal général prévoit que dans certaines circonstances, bien que l'infraction ait été effectivement commise, l'auteur n'encourt pas la responsabilité de son acte. En droit international pénal, on distingue généralement deux catégories de motifs d'exonération, les justifications et les excuses[232] :

---

[231] L'article 33, alinéa 2 précité du Statut dispose sans nuance que « [...] *l'ordre de commettre un génocide ou un crime contre l'humanité est manifestement illégal* ».
[232] CASSESE A., SCALIA D. & THALMANN V., *Les grands arrêts de droit international*, *op. cit.*, pp. 403-471.

- La justification implique qu'un acte en soi contraire au droit, en raison notamment du dommage qu'il cause à autrui ou à la société, est néanmoins considéré comme licite. Ainsi en est-il de l'exécution des peines légalement infligées à des combattants coupables de crimes de guerre ou autres crimes internationaux. De même, si le crime d'agression, tel qu'il est défini par l'Amendement précité de Kampala [233] est désormais passible de sanctions pénales devant la CPI, cela ne remet pas pour autant en question le droit naturel de légitime défense, tel que prévu par la Charte des Nations Unies [234] et étayé par la jurisprudence internationale[235] ;

- Quant aux excuses, elles s'expliquent par les circonstances spéciales ayant entouré un acte

---

[233] *Cf.* Article 15 *ter* du Statut de la CPI, intitulé : « Exercice de la compétence à l'égard du crime d'agression (Renvoi par le Conseil de sécurité) ».

[234] Voir en particulier l'article 51 qui dispose : « *Aucune disposition de la présente Charte ne porte atteinte au droit naturel de légitime défense, individuelle ou collective, dans le cas où un Membre des Nations Unies est l'objet d'une agression armée, jusqu'à ce que le Conseil de sécurité ait pris les mesures nécessaires pour maintenir la paix et la sécurité internationales. Les mesures prises par des Membres dans l'exercice de ce droit de légitime défense sont immédiatement portées à la connaissance du Conseil de sécurité et n'affectent en rien le pouvoir et le devoir qu'a le Conseil, en vertu de la présente Charte, d'agir à tout moment de la manière qu'il juge nécessaire pour maintenir ou rétablir la paix et la sécurité internationales* ».

[235] Voir entre autres : CIJ, avis consultatif du 8 juillet 1996 portant sur la « Licéité de la menace ou de l'emploi d'armes nucléaires », Rec. 1996, p. 226

criminel, lequel demeure illégal[236] mais dont l'auteur ne peut être puni en raison desdites circonstances. Les excuses se distinguent elles-mêmes entre celles qui nient la responsabilité de l'auteur (en raison de son état mental, par exemple) et celles reconnues par le droit international pénal, à savoir l'erreur de fait, l'erreur de droit, l'état de nécessité et la contrainte[237].

Pour revenir à l'autorité de la justice pénale internationale, on ne peut qu'admettre que sa pratique effective donne des résultats qui sont loin d'être aussi conformes que le prévoient les textes statutaires de cette institution ainsi que les missions qui lui sont dévolues. Aussi, pour s'en convaincre, convient-il d'évoquer quelques affaires qui ont contribué à relativiser l'autorité de la justice pénale internationale dans son déploiement et sa mise en œuvre effective.

L'une des plus célèbres d'entre elles est sans doute la fameuse affaire dite du Mandat d'arrêt de 2000 (connue aussi comme « affaire Abdoulaye Yérodia Ndombassi ») qui a conduit la Cour internationale de justice (CIJ) à rendre une décision qui semble *a priori* relativiser l'autorité du principe du défaut de pertinence de la qualité officielle. En effet, la CIJ a estimé dans son arrêt du 14 février 2002, qui est définitif, sans recours et obligatoire pour les Parties,

---

[236] CASSESE A., SCALIA D. & THALMANN V., *Les grands arrêts de droit international*, *op. cit.*, pp. 403-471.
[237]*Idem.*

par treize voix contre trois, « [...] *que l'émission, à l'encontre de M. Abdoulaye Yérodia Ndombassi, du Mandat d'arrêt du 11 avril 2000, et sa diffusion sur le plan international, ont constitué des violations d'une obligation juridique du Royaume de Belgique à l'égard de la République démocratique du Congo, en ce qu'elles ont méconnu l'immunité de juridiction pénale et l'inviolabilité dont le ministre des affaires étrangères en exercice de la République démocratique du Congo jouissait en vertu du droit international* ».

Cet organe judiciaire principal des Nations Unies a aussi ordonné par la même occasion, au Royaume de Belgique, par dix voix contre six, d'user par tous les moyens de son choix aux fins de « [...] *mettre à néant le Mandat d'arrêt du 11 avril 2000 et [d'] en informer les autorités auprès desquelles ce mandat a été diffusé* ».

En effet, la Cour a estimé que « *les fonctions d'un ministre des affaires étrangères sont telles que, pour la durée de sa charge, il bénéficie d'une immunité de juridiction pénale et d'une inviolabilité totales à l'étranger* ».

Il ressort de la lecture de cet arrêt de la CIJ plusieurs éléments de réflexion, notamment[238] :

« *1. Le fondement purement fonctionnel de l'immunité, car c'est uniquement parce qu'il doit pouvoir exercer librement ses fonctions internationales, dans l'intérêt bien compris tant de l'État qu'il représente que de la*

---

[238] VERHOEVEN J., « Mandat d'arrêt international et statut de ministre », *Journal des procès*, Numéro 435, 19 avril 2002, pp. 20-23.

Communauté internationale dont celui-ci est membre, que le ministre des affaires étrangères ne peut, sans le consentement de son État, être soumis à un tribunal étranger[239] ;

2. L'immunité est acquise à la personne qui exerce les fonctions de ministre des affaires étrangères « pour toute la durée de sa charge ». Elle disparaît lorsqu'il est mis fin à celle-ci, ce qui n'empêche pas qu'elle demeure protégée, après la fin de ses fonctions, pour les actes qui participaient de l'exercice de celles-ci[240] ;

3. L'immunité et l'inviolabilité sont « totales » et il en découle qu'elles ne peuvent être déniées au motif que les actes incriminés :

a. ont été accomplis avant l'entrée en fonction du ministre des affaires étrangères, ce qui était précisément le cas dans l'affaire Yérodia ;

b. ont été accomplis à titre « privé » plutôt qu'« officiel », même si ce caractère est décisif lorsque des poursuites sont engagées contre un ministre qui n'est plus en exercice ;

c. sont constitutifs d'un crime dit international, et notamment d'un crime de guerre ou d'un crime contre l'humanité. Peu importe aussi que, quels que soient la nature de l'acte ou le lieu où il a été accompli, le ministre

---

[239] *Ibid.*
[240] *Idem.*

soit en visite « privée » ou officielle sur le territoire du for[241] ».

Comme le précise Joe Verhoeven dans son article précité, *mutatis mutandis*, il devrait sans doute être semblablement admis que tout autre membre d'un gouvernement bénéficie de la même immunité lorsqu'il est appelé à exercer à l'étranger des fonctions « internationales », quand bien même il n'est investi de plein droit d'aucune tâche de représentation.

Logiquement, rien ne devrait justifier qu'il en aille autrement ; sous la réserve du régime juridique des missions spéciales[242]. Mais la pratique internationale demeure incertaine sur ce point ! Selon la Cour internationale de justice, l'immunité « *protège* […] *l'intéressé contre tout acte d'autorité de la part d'un autre État qui ferait obstacle à l'exercice de ses fonctions*[243] » et que le seul fait d'« *expose*[r] [ce] *ministre* […] *à une procédure judiciaire* [244] » porte déjà atteinte à cette immunité.

En partant des difficultés constatées dans la mise en œuvre effective de la justice pénale internationale, et comme précédemment annoncé, il importe de l'illustrer notamment par des cas spécifiques, qui soient suffisamment révélateurs.

---

[241] *Idem*.
[242] *Idem*.
[243] §54 de l'arrêt.
[244] §55 de l'arrêt.

III. Les récusations de l'autorité de la justice pénale internationale : les cas spécifiques du positionnement des Etats-Unis d'Amérique et du contentieux relatif aux interventions de la CPI sur le continent africain

Les analyses qui suivent procèdent d'un double constat, concernant les difficultés rencontrées dans la mise en œuvre effective de l'autorité de la Cour pénale internationale qui, en raison de son caractère unique, est incontestablement l'institution la plus représentative de la justice pénale internationale :

- D'une part, ce constat part des relations permanemment conflictuelles entre les Etats-Unis d'Amérique et la CPI (A). En effet, contrairement à certaines idées reçues, ces relations conflictuelles récurrentes, en particulier sous l'administration Trump, sont bien la preuve tangible que cette juridiction pénale internationale n'est pas l'arme des puissants mais qu'elle les insécurise ;

- D'autre part, le même constat et les analyses y relatives se dégagent à partir du contentieux qui oppose depuis quelques années déjà le continent africain à la Cour de La Haye, alors même que les Etats africains sont majoritairement parties au Statut de Rome de 1998 qui institue cette juridiction (B).

A. La Cour pénale internationale n'est pas l'arme des puissants, elle les insécurise[245]

Les sanctions prises par l'administration Trump contre la Cour pénale internationale (ci-après la « Cour »), son personnel et tout acteur coopérant avec la Cour dans le dossier afghan ou d'autres dossiers touchant les alliés des américains, étaient (et demeurent par principe) intrinsèquement inacceptables. Elles ont été unanimement rejetées par d'autres Etats dont la France et par la société civile, y compris américaine. De son côté, le chef de la diplomatie européenne, Josep Borrell, a estimé que le décret américain était « *un sujet de très grande préoccupation* », tout en réitérant le « *soutien* » de l'Union européenne à la juridiction internationale basée à La Haye.

En réalité, ces sanctions s'inscrivaient dans la continuité d'une logique d'ingérence caractérisée contre cette institution essentielle voulue par la composante majoritaire de la Communauté internationale. D'ailleurs, la Cour elle-même a estimé que ces attaques constituaient « […] *une escalade et une tentative inacceptable de porter atteinte à l'État de droit et aux procédures judiciaires* », et qu'elles avaient pour but « *d'influencer les actions* [de la Cour] *dans le cadre des enquêtes indépendantes et objectives et des procédures judiciaires impartiales* ».

---

[245] *Cf.* « La Cour pénale internationale n'est pas l'arme des puissants, elle les insécurise », *La Libre Belgique, op. cit.*

Ces menaces récurrentes à l'égard de la seule juridiction pénale permanente à l'échelle mondiale sont par elles-mêmes une preuve suffisante que la Cour n'est pas l'arme des puissants, comme cela est fréquemment évoqué. Bien au contraire, la juridiction de La Haye a la particularité de les insécuriser en permanence !

En effet, contrairement à une certaine opinion toujours d'actualité qui voudrait que la Cour soit l'arme des puissants, voire une machination contre certaines régions du monde dont l'Afrique, les réalités observables prouvent plutôt l'indépendance de cette juridiction qui reste un instrument essentiel de dissuasion judiciaire universelle et un moyen idoine pour raisonner la raison d'Etat, y compris à l'égard des Etats les plus puissants.

A la lumière des faits, l'observateur averti relèvera une certaine tendance, notamment chez les Etats les plus puissants, à s'opposer de façon quasi systématique à cette juridiction qui représente un espoir indéniable pour de nombreuses victimes des crimes contre l'humanité à travers le monde.

1. Une juridiction qui suscite la méfiance des Etats les plus puissants

Il convient de relever que trois des cinq membres permanents du Conseil de sécurité des Nations Unies (Etats-Unis, Russie et Chine) n'ont toujours pas ratifié le Statut de Rome de 1998 qui institue la Cour, tout en s'opposant plus ou moins systématiquement à son bon fonctionnement depuis le démarrage de ses activités en 2002.

A ces trois Etats membres permanents du Conseil de sécurité, il faut ajouter d'autres Etats non moins influents comme l'Inde, la Turquie ou l'Arabie Saoudite qui ne sont pas non plus parties au Statut de la Cour.

Mais ce sont surtout les Etats-Unis qui se sont illustrés par un procédé bien particulier, sous forme d'accords spéciaux avec les Etats parties au Statut de la Cour. En effet, par ces accords spéciaux, ces Etats s'engagent à ne pas coopérer avec la CPI dans les affaires qui concerneraient les ressortissants américains ! Et par un hasard qui ne peut que susciter des interrogations, ces accords spéciaux concernent principalement les Etats du Sud, notamment ceux d'Afrique qui ont pourtant témoigné d'une mobilisation exceptionnelle pour la création et le fonctionnement de cette juridiction.

Outre l'opposition active, parfois assortie de menaces, comme c'était le cas avec notamment les injonctions inacceptables et les sanctions scabreuses[246] de l'administration Trump, la méfiance de certains Etats à l'égard de la Cour se manifeste également par la non-adhésion, voire par le retrait du Statut de Rome qui institue cette juridiction.

---

[246] Sanctions révoquées le 11 avril 2021 par le Président Joe Biden.

Toutefois, pour les affaires dont la Cour fut saisie sur renvoi du Conseil de sécurité, notamment les affaires concernant le Soudan (Darfour) et la Libye, il a fallu chaque fois réunir les cinq votes affirmatifs des membres permanents, condition *sine qua non* pour de telles résolutions prises en vertu du Chapitre VII de la Charte des Nations Unies[247].

2. Une juridiction qui emporte l'adhésion et la confiance de la majorité des Etats

Une observation attentive de la carte du monde, en prenant pour critères la ratification du traité statuaire et la chronologie des ratifications, permet de faire un triple constat important :

- La Cour est une juridiction qui emporte l'adhésion de la composante majoritaire de la Communauté internationale (139 signataires et 123 ratifications) ;

- Cette juridiction emporte principalement la confiance des Etats les « moins puissants » qui, dès le départ, y ont adhéré massivement ;

- Ce sont également les Etats du Sud qui furent les premiers et les seuls à ce jour à procéder aux renvois devant la Cour, en dessaisissant ainsi leurs propres juridictions. D'ailleurs, il s'agit exclusivement (ou presque) des Etats africains dont l'Ouganda, la République démocratique

---

[247] Cf. Article 27, alinéa 3, de la Charte.

du Congo, la Centrafrique, le Mali et la Côte d'Ivoire, qui a d'ailleurs procédé par voie de déclaration solennelle d'acceptation de la compétence de la Cour, avant d'adhérer formellement au Statut de Rome en 2013.

L'opposition des Etats-Unis et des autres grandes puissances à la Cour, et plus globalement à la justice internationale pénale, est une preuve irréfutable que non seulement cette juridiction n'est pas l'arme des puissants comme le voudrait une certaine opinion mais qu'elle les déstabilise davantage encore que les autres Etats.

3. Les ambiguïtés du débat

La problématique des rapports de force entre les « Etats puissants » et les autres Etats, bien que cela soit réelle dans la pratique internationale, d'un point de vue géopolitique, comporte néanmoins quelques ambiguïtés sur le plan juridique et il importe de souligner, à savoir :

- D'abord, sur le plan strict du droit international qui est fondé sur le principe d'égalité, cette distinction est inappropriée, même s'il serait absurde de faire l'impasse sur les paramètres géopolitiques qui interfèrent souvent lourdement dans les relations interétatiques ;

- Ensuite, la responsabilité pénale internationale étant strictement personnelle, la Cour ne peut juger que des individus pour des faits pouvant leur être imputés en tant que tels ;

- Enfin, le principe d'égalité devant la justice, couplé au défaut de pertinence de la qualité officielle, fait que l'égal traitement est un critère essentiel duquel dépendent toutes les autres garanties judiciaires pour un procès juste et équitable.

De ce qui précède, il est fondé de dire non seulement que la Cour n'est pas l'arme des puissants mais plutôt un instrument indispensable de dissuasion judiciaire à l'échelle mondiale. Elle est un moyen idoine de lutte contre l'impunité des crimes graves qui heurtent la conscience de l'humanité. Aussi apparaît-elle comme un rempart face aux plus puissants, tant au niveau des relations internationales qu'au niveau interne où nul ne peut se prévaloir de la raison d'Etat pour commettre des actes constitutifs de crimes contre l'humanité.

Finalement, aussi paradoxal que cela puisse paraître, les menaces récurrentes des grandes puissances contre la Cour sont une preuve supplémentaire que cette juridiction n'est aux ordres d'aucun Etat. Et c'est tant mieux pour une juridiction dont le magistère et la crédibilité dépendent justement de sa capacité à n'être assujettie à aucun Etat…

Pour revenir au contentieux qui oppose le continent africain à la juridiction de La Haye, ce contentieux présente une dimension particulière en raison entre autres de la forte implication des Etats africains dans l'émergence et dans le fonctionnement de cette institution.

B. Le contentieux relatif aux interventions de la CPI sur le continent africain[248]

Il n'est pas exagéré de dire que la Cour pénale internationale fait l'objet d'un véritable procès qui a pris une certaine tournure en 2016 avec le dépôt des instruments de dénonciation du Statut de Rome par trois Etats africains[249], à savoir : le Burundi, l'Afrique du Sud et la Gambie[250].

---

[248] *Cf.* notre article : « L'Afrique et la Cour pénale internationale (CPI) : entre engagement et conflictualité », *Revue de l'Université catholique de Lyon*, 32/2017, pp. 48-53.

[249] Certains médias se sont d'ailleurs fait le malin plaisir de qualifier ces retraits des Etats africains d'« Afrexit », en faisant ainsi allusion au « Brexit », relativement au retrait de la Grande Bretagne du traité de l'Union européenne. Finalement, à ce jour, seul le Burundi aura quitté effectivement la CPI, le 27 octobre 2017.

[250] La Gambie est aussi le pays dont est originaire la Procureure de la Cour, Madame Fatou Bensouda (de 2012 à 2021), qui a succédé à l'Argentin Luis Moreno-Ocampo. Avec le changement politique intervenu en Gambie à la fin de l'année 2016, les nouvelles autorités gambiennes ont décidé du maintien de cet Etat comme membre de la CPI, rendant ainsi nul et de nul effet le retrait opéré par le régime précédent, dirigé par l'ancien Président Yahya Jammeh.
De même, l'Afrique du Sud n'est pas allée jusqu'au bout de sa démarche de retrait qui a été suspendue en 2017. En effet, outre le changement politique intervenu dans ce pays en février 2018 avec l'élection d'un nouveau président (en la personne de Cyril Ramaphosa) qui a contribué au maintien de l'Afrique du Sud comme membre de la CPI, la Haute-Cour de Gauteng (Pretoria) avait estimé une année auparavant (en février 2017) que la décision du pouvoir exécutif de dénoncer le Statut de Rome était inconstitutionnelle. Cette initiative de l'exécutif sud-africain était donc jugée nulle, dans la mesure où elle n'avait pas reçu

A ce conflit entre les Etats africains et la CPI, viennent s'ajouter les charges de la Russie, un Etat simplement signataire du Statut de cette juridiction, qui a par la suite retiré sa signature [251], et les Philippines qui ont menacé de suivre cet exemple. Ces attaques répétées représentent une menace réelle pour le bon fonctionnement et l'efficacité de cette jeune juridiction pénale internationale qui a suscité (et continue de susciter encore et fort légitimement) tant d'espoir, notamment chez les victimes des crimes les plus graves qui heurtent la conscience de l'humanité. Cette institution pénale internationale suscite également beaucoup d'espoir auprès de nombreuses organisations qui luttent contre l'impunité dans le monde, au rang desquelles les ONG africaines.

Comment expliquer cette crise et cette tension récurrentes quand on sait que les Etats africains ont fait preuve d'un réel engagement en faveur de la CPI, en adhérant massivement et généralement sans conditions au Statut de Rome de 1998, rendant ainsi possible l'émergence et la mise en œuvre effective de cette juridiction ? En effet, s'il n'y a plus de doute quant à l'existence d'un contentieux entre le continent africain et la CPI, quels en sont les paramètres explicatifs ainsi que les enjeux ?

---

préalablement l'approbation du Parlement sud-africain qui avait adopté en 2000 la loi autorisant la ratification de ce traité international.
[251] Ce qui fait définitivement de la Russie, membre permanent du Conseil de sécurité, un Etat non membre du Statut de Rome au même titre que les Etats-Unis et la Chine.

S'agirait-il d'une tension passagère, invitant simplement à quelques améliorations/ajustements, ou d'une crise qui pourrait affecter, *in fine*, la crédibilité et l'existence même de cette juridiction dont la création en 2002 est considérée, à juste titre d'ailleurs, comme l'une des plus grandes avancées du droit international depuis l'avènement des Nations Unies en 1945 ?

Que doit faire la Communauté internationale pour mettre un terme à cette crise, afin d'éviter le retrait d'autres Etats (africains ou autres) du Statut de Rome[252] ? Que faire pour redonner à cette juridiction les moyens nécessaires pouvant lui permettre d'accomplir efficacement, et durablement, sa mission qui consiste, entre autres, à raisonner la raison d'Etat ?

Pour une meilleure appropriation de toutes ces questions et des enjeux y relatifs, nous proposons une analyse qui se décline en deux temps :

- Il convient tout d'abord de mettre l'accent sur l'engagement indiscutable des Etats africains qui représentent à ce jour 33 des 123 Etats membres du Statut de Rome précité. Il importe d'élucider ensuite cette crise, notamment ses causes réelles ou apparentes, les arguments à charge qu'il conviendrait d'évaluer dans leur pertinence même et dans leurs fondements. Il importe, enfin, de mesurer les conséquences

---

[252] Finalement, à ce jour, le seul Etat africain à s'être effectivement retiré du Statut de Rome est le Burundi.

qui découlent ou qui pourraient découler de cette crise qui semble désormais avoir baissé d'intensité (1) ;

- En traitant des conséquences possibles de cette crise, il serait opportun de proposer également par la même occasion quelques hypothèses de réflexion tenant lieu de stratégies de sortie de crise et d'actions concrètes, afin de permettre à la Cour de La Haye de continuer d'accomplir convenablement et efficacement ses missions sur le continent africain certes, mais également dans le reste du monde (2).

1. Un réel engagement des Etats africains pour la CPI, souvent brouillé par une crise aux enjeux complexes

Si l'engagement des Etats africains dans le cadre de l'émergence de la juridiction pénale internationale permanente est incontestable (i), la crise récurrente de ces dernières années laisse entrevoir des réalités et des enjeux bien plus complexes qu'il ne paraît (ii).

i. L'engagement des Etats africains pour la CPI

Il est difficile de douter de la bonne volonté des Etats africains pour l'émergence de la CPI, une volonté manifestée dès l'adoption du Statut de Rome le 17 juillet 1998. Cet engagement des Etats africains, dès le départ, a consisté précisément à œuvrer pour la mise en œuvre effective de cette juridiction pénale internationale, et donc à œuvrer pour la lutte contre l'impunité sur le continent africain et sur le plan universel [253]. Cependant, l'image que donnent les relations entre l'Afrique et la CPI, en particulier au cours de ces dernières années, contraste très fortement avec cette bonne volonté initialement manifestée par les Etats africains.

En effet, sur la base d'accusations souvent discutables en droit, la CPI est présentée au grand public comme une juridiction partiale et aux ordres qui chercherait délibérément à nuire aux intérêts des Etats africains, ne s'intéressant qu'aux dossiers africains, en particulier ceux impliquant des dirigeants africains. Ainsi fait-on régulièrement abstraction du fait que l'initiative de la saisine de la CPI était en général venue des Etats africains eux-mêmes, conscients de la nécessité de sanctionner pénalement les crimes commis sur leurs territoires et, à cette occasion, lutter contre l'impunité en Afrique[254].

Il en est de même de l'abstraction faite de la situation particulièrement critique de l'Afrique depuis plusieurs décennies déjà, avec de nombreux foyers de conflits armés générateurs de violations graves et massives des droits de l'homme et du droit international humanitaire, lesquelles violations relèvent justement du mandat conféré à la CPI.

Il est parfois allégué également, à tort ou à raison, que les interventions de la Cour seraient de nature à porter atteinte à la souveraineté des Etats africains.

---

[253] TINE A, *La Cour pénale internationale : l'Afrique face au défi de l'impunité*, op. cit., pp. 43-59.
[254] *Idem*.

Or, il n'échappe à personne que c'est justement le libre et plein exercice de leur souveraineté qui a conduit les Etats africains à souscrire au Traité de Rome de 1998, suivant le procédé traditionnel d'adhésion aux instruments juridiques internationaux.

Faut-il rappeler que c'est à l'initiative des Etats africains que la CPI, dont la compétence n'est que complémentaire, au vu de son Statut, fut saisie de plusieurs affaires ayant trait aux crimes relevant de la compétence matérielle de cette juridiction ? Faut-il aussi rappeler que les crimes qui font l'objet de poursuites devant la CPI sont commis en Afrique, par des citoyens des Etats africains et que les victimes sont également africaines au même titre que les auteurs présumés de ces faits graves dont la sanction est prévue par le Statut de la CPI ? Faut-il également rappeler que c'est aux Etats africains que revient la responsabilité principale de protéger leurs populations des crimes que la CPI cherche aujourd'hui à sanctionner, grâce aux initiatives prises par les principaux Etas concernés ?

Par ailleurs, il est peu évident de prouver qu'une juridiction comme la CPI, qui est pourtant systématiquement combattue par trois des cinq Etats membres permanents du Conseil de sécurité des Nations Unies, soit une justice des puissants contre les faibles, comme il a été parfois avancé dans les débats à charge contre cette juridiction[255].

---

[255] En effet, ni les Etats-Unis, ni la Chine, ni la Russie ne font partie de la

ii. Une crise qui masque probablement des réalités et des enjeux bien complexes

Quels sont donc véritablement les facteurs explicatifs de cette crise entre le continent africain et la CPI ? Bien que les paramètres de cette crise soient nombreux et les enjeux bien plus complexes et mouvants, il est possible de les situer à un double niveau d'analyse et de questionnement :

- Tout d'abord, le sentiment que les Etats africains ont d'être systématiquement stigmatisés par l'Occident qui chercherait en réalité à se servir de la CPI à des fins inavouées, politiques, stratégiques, voire idéologiques (a) ;

- Ensuite, et de façon plus tangible, le choix toujours délicat que de nombreux Etats africains doivent opérer entre la recherche indispensable de la paix et la nécessité de sanctionner les crimes internationaux commis sous leurs juridictions[256](b).

CPI et ces pays combattent activement cette juridiction, comme le montrent les déclarations récurrentes, et exclusivement à charge, à l'encontre de cette instance juridictionnelle.
[256]HAZAN P., *La justice face à la guerre : de Nuremberg à la Haye*, Paris, Stock, 2000 et *La Paix contre la Justice ? : Comment reconstruire un Etat avec des criminels de guerre*, GRIP-André Versaille Editeur, Paris, 2010.

a. Le sentiment des Etats africains d'être stigmatisés en permanence par l'Occident

L'une des explications de la tension entre l'Afrique et la CPI, au cours de ces dernières années, tient sans doute au fait que les Etats africains ont le sentiment d'être stigmatisés en permanence par l'Occident, notamment au travers d'une série d'affaires pénales impliquant des dirigeants africains, y compris des chefs d'Etat en fonction[257].

Toutefois, et pour l'objectivité du débat, il convient de signaler qu'outre les cas de condamnation mentionnés, il y a eu également des acquittements. C'est le cas de Jean Pierre Bemba[258], le 8 juin 2018, où la Chambre d'appel, concluant à la majorité, a estimé que « *la Chambre de première instance III avait commis des erreurs à deux égards importants à savoir condamner M. Bemba pour des actes criminels spécifiques qui étaient en*

---

[257] Il ne fait aucun doute que l'essentiel des activités de la CPI, à l'heure actuelle, concerne des Etats africains :
- 10 des 17 situations sous enquête ;
- La totalité des personnes mises en cause, soit au total 47 défendants, sont originaires des pays africains ;
- La totalité des personnes recherchées par la Cour et actuellement en fuite, soit 12 personnes ;
- La totalité des personnes en détention, soit 9 détenus ;
- La totalité des affaires closes, soit 6 affaires ;
- La totalité des personnes condamnées, soit 4 condamnés ;
- La totalité des acquittements prononcés, soit 4 acquittés ;
- La totalité des résolutions du Conseil de sécurité des Nations Unies, sur la base de l'article 13.b du Statut, demandant à la Cour d'engager des poursuites contre des auteurs présumés de crimes relevant de la compétence matérielle de cette juridiction, etc.

[258] *Le Procureur c. Jean-Pierre Bemba Gombo* (ICC-01/05-01/08).

dehors de la portée des charges telles que confirmées. Mais aussi et surtout que la Chambre de première instance a commis une erreur dans son évaluation des motivations de M. Bemba ainsi que des mesures qu'il aurait pu prendre compte tenu des restrictions auxquelles il devait faire face, en tant que chef militaire éloigné de ses troupes déployées à l'étranger, pour enquêter sur les crimes et en poursuivre les auteurs ; de la question de savoir si Jean-Pierre Bemba avait entrepris des démarches pour renvoyer les allégations de crimes devant les autorités de la RCA ; et s'il avait intentionnellement limité le mandat des commissions et des enquêtes qu'il avait mises en place ».

C'est également le cas de Mathieu Ngudjolo Chui [259], acquitté le 27 février 2015. En effet, la Chambre d'appel a confirmé à la majorité la décision de la Chambre de première instance II du 18 décembre 2012, l'acquittant des charges de crimes contre l'humanité et de crimes de guerre [260]. La Chambre d'appel a ordonné la remise en liberté immédiate de Mathieu Ngudjolo Chui, rentré depuis lors dans son pays la République démocratique du Congo.

C'est enfin le cas des affaires à l'encontre de Laurent Gbagbo et Charles Blé Goudé [261] (affaires jointes le 11 mars 2015) où la Chambre de première instance I a acquitté à la majorité le 15 janvier 2019 les

---

[259] *Le Procureur c. Mathieu Ngudjolo Chui, anciennement Le Procureur c. Germain Katanga et Mathieu Ngudjolo Chui* (ICC-01/04-02/12).
[260] Arrêt d'acquittement intervenu suite à l'appel interjeté par l'Accusation le 20 décembre 2012.
[261] *Le Procureur c. Laurent Gbagbo et Charles Blé Goudé* (ICC-02/11-01/15).

nommés Laurent Gbagbo et Charles Blé Goudé de toutes les charges de crimes contre l'humanité prétendument perpétrés en Côte d'Ivoire en 2010 et 2011 [262]. Le 31 mars 2021, la Chambre d'appel va confirmer, à la majorité, la décision d'acquittement prononcée le 15 janvier 2019 par la Chambre de première instance I.

Parallèlement à l'action de la CPI, accusée entre autres de sélectivité et d'acharnement à l'égard des Etats africains, il y a aussi la mise en œuvre du principe de la compétence universelle de juridiction qui a été à chaque fois une source de graves tensions diplomatiques entre les Etas africains et occidentaux, européens notamment. Il en est ainsi du fameux mandat d'arrêt émis par la Belgique contre Abdoulaye Yérodia Ndombassi, alors ministre des affaires étrangères de la République démocratique du Congo (RDC). Comme déjà évoqué, l'émission et la diffusion de ce mandat d'arrêt international a été à l'origine d'un contentieux international entre les deux pays, et la CIJ a finalement tranché en faveur de l'Etat congolais[263].

Il n'est pas superfétatoire de souligner que la mise en œuvre de la compétence universelle de juridiction a provoqué à chaque fois de fortes tensions entre les

---

[262] A la suite de l'appel soumis par le Procureur contre cette décision, la Chambre de première instance I a déposé, le 16 juillet 2019, les motifs complets de l'acquittement de MM. Laurent GBAGBO et Charles BLE GOUDE qui n'étaient plus détenus au quartier pénitentiaire de la CPI.
[263] CIJ, affaire du Mandat d'arrêt du 11 avril 2000 (arrêt précité du 14 février 2002).

Etats africains et européens dans de nombreuses autres affaires, entre autres l'affaire Jean-François Ndengue concernant les disparus du Beach. En effet, le général Jean-François Ndengue, Chef de la police du Congo Brazzaville, a été arrêté le 2 avril 2004 et incarcéré à la Prison de la Santé de Paris sur décision du Parquet de Meaux. Cependant, la crise née entre Brazzaville et Paris à la suite de cette arrestation a sans doute justifié la libération du général Ndengue dans des conditions peu habituelles. En effet, le 3 avril 2004 à 2 heures du matin, le Président de la Chambre d'instruction de la Cour d'Appel de Paris ordonna cette libération. C'est alors que le général Ndengue fut extrait de sa cellule et conduit immédiatement vers un aéroport parisien où l'attendait un jet privé pour le ramener chez lui au Congo-Brazzaville.

De même, l'affaire Rose Kabuye a défrayé la chronique et alimenté les tensions déjà persistantes entre la France et le Rwanda depuis le génocide des Tutsi en 1994. Madame Kabuye, ex-officier de l'Armée rwandaise et Chef du Protocole de la Présidence de la République rwandaise, a été arrêtée en Allemagne le 9 novembre 2008 et extradée vers la France où elle a été mise en examen pour « *complicité d'assassinat en relation avec une entreprise terroriste* ». Là encore, c'est en réalité sur le terrain politique et diplomatique que l'affaire a été réglée, car Madame Kabuye a finalement été remise en liberté par la justice française dans un contexte d'apaisement entre Paris et Kigali.

On peut ajouter à cette liste une troisième affaire, en l'occurrence l'affaire Emmanuel Karenzi Karake, du nom de cet officier supérieur de l'Armée rwandaise et Chef des Renseignements généraux, qui a été arrêté le 20 juin 2015 à Londres suite à un mandat d'arrêt espagnol émis en 2008. Le général Karake sera lui aussi libéré sous caution[264], mais après une crise diplomatique entre le Rwanda et les Etats européens concernés par cette affaire.

Mais c'est surtout l'affaire Hissein Habré qui aura été un feuilleton interminable à l'origine d'une véritable bataille diplomatique et judiciaire entre le Sénégal et la Belgique. Ce contentieux va faire l'objet d'une procédure devant la CIJ, laquelle tranchera en faveur de la Belgique. En effet, devant le refus du Sénégal de donner suite à la demande d'extradition de l'ancien chef de l'Etat tchadien Hissein Habré vers la Belgique afin d'y être jugé, la CIJ a, dans son arrêt du 20 juillet 2012, demandé à l'Etat sénégalais de procéder « sans délai » au jugement de l'ancien dirigeant tchadien ou alors à son extradition vers le Royaume de Belgique (l'Etat requérant[265]).

En effet, la CIJ a estimé que « [...] *la République du Sénégal, en ne soumettant pas l'affaire à ses autorités compétentes pour l'exercice de l'action pénale contre M. Hissène Habré, a manqué à l'obligation que lui impose l'article 7, paragraphe 1, de la Convention des Nations Unies contre la torture et autres peines ou traitements*

---

[264] Une caution de 1,4 million d'euros aurait été versée par le Rwanda pour obtenir cette libération.
[265] CIJ, arrêt précité du 20 juillet 2012 relatif à l'affaire des « Questions concernant l'obligation de poursuivre ou d'extrader » (Belgique c. Sénégal).

cruels, inhumains ou dégradants du 10 décembre 1984 ». C'est alors que les juges de La Haye ont admis, à l'unanimité, que « [...] *la République du Sénégal doit, sans autre délai, soumettre le cas de M. Hissène Habré à ses autorités compétentes pour l'exercice de l'action pénale, si elle ne l'extrade pas* ».

Outre la mise en œuvre de la compétence universelle de juridiction, il y a aussi les renvois faits devant la CPI, à l'initiative du Conseil de sécurité des Nations Unies en vertu de l'article 13.b précité du Statut de Rome. Cette procédure, bien que prévue par le Statut de Rome, ne reste pas moins problématique (et polémique) en raison de la nature intrinsèquement politique du Conseil de sécurité de l'ONU dont trois des cinq Etats membres permanents sont pourtant opposés à l'action de la CPI[266].

En plus de cela, les renvois en question visaient des dirigeants africains en fonction, parmi lesquels le Chef de l'Etat soudanais d'alors Omar el-Béchir, le défunt dirigeant libyen Mouammar el-Kadhafi, tout comme son fils et dauphin présumé d'alors Seïf el-Islam Kadhafi, le Chef des services secrets libyens de l'époque, Abdallah Senoussi, etc.

Pour la crédibilité même de la CPI, était-il souhaitable qu'une institution comme le Conseil de sécurité des Nations Unies qui est davantage connue

---

[266] Comme déjà évoqué, il s'agit de la Chine, des Etats-Unis d'Amérique et de la Russie qui, non seulement n'ont pas ratifié le Statut de Rome qui institue la CPI, mais s'emploient activement à faire obstruction à l'action de cette juridiction.

pour être un instrument de domination politique et idéologique des grandes puissances qui y siègent qu'un garant des intérêts de la Communauté internationale dans son ensemble, et dont la majorité des membres permanents est notoirement opposée à cette juridiction, intervienne à quelque titre que ce soit, surtout lorsqu'il s'agit de poursuites contre des dirigeants d'autres Etats, qui plus est, en fonction au moment de la procédure ?

Enfin, un certain nombre d'affaires ont fait l'objet d'une autosaisine du Procureur de la CPI en vertu de l'article 15 du Statut de Rome, procédure qui a concerné certains dirigeants africains en fonction, dont les anciens président et le vice-président du Kenya, Uhuru Kenyatta et William Ruto. Même si, dans ces affaires, les poursuites ont dû être abandonnées faute de preuves suffisantes, la tension qu'elles ont provoquée n'en était pas des moindres.

b. Le dilemme paix et justice

En essayant d'identifier les paramètres de cette crise, l'on s'aperçoit que dans bien des cas, la problématique de la gestion des conflits armés en Afrique et des crimes y relatifs apparaît pour les Etats africains comme un tiraillement permanent entre la lutte contre l'impunité et la recherche de la paix. En effet, comme évoqué précédemment, c'est à l'initiative des Etats africains eux-mêmes que des actions ont été engagées contre les auteurs présumés des faits relevant de la compétence de la CPI et commis sur leurs territoires respectifs. C'est notamment le cas de l'Ouganda, de la République démocratique du Congo, de la République Centrafrique, du Mali ainsi que de la Côte d'Ivoire qui, conformément aux dispositions de l'article 14 du Statut de Rome[267], ont demandé à la Cour par voie de renvois de procéder à l'examen des situations sous leurs juridictions respectives.

Cependant, parallèlement à l'action de la CPI, ces pays se sont aussi engagés dans la recherche de la paix et cela s'est assez souvent traduit par des mesures d'amnistie dans la mise en œuvre des accords de paix ou simplement à titre de mesures d'apaisement[268]. Si l'on peut comprendre parfaitement un tel dilemme, le procédé employé par certains Etats africains consistant à exiger l'abandon pur et simple des poursuites déjà engagées par le juge international, afin de faciliter la recherche de la paix reste discutable. En effet, en exigeant parfois de la CPI l'abandon des

---

[267] Article 14 « Renvoi d'une situation par un État Partie » :
« 1. *Tout État Partie peut déférer au Procureur une situation dans laquelle un ou plusieurs des crimes relevant de la compétence de la Cour paraissent avoir été commis, et prier le Procureur d'enquêter sur cette situation en vue de déterminer si une ou plusieurs personnes identifiées devraient être accusées de ces crimes.*
2. L'État qui procède au renvoi indique autant que possible les circonstances pertinentes de l'affaire et produit les pièces à l'appui dont il dispose ».
[268] Les mesures d'amnistie prises 6 août 2018 par le Président ivoirien Alassane Ouattara, à l'occasion de la célébration de la fête nationale de l'indépendance de la Côte d'Ivoire, mesures qui ont concerné environ 800 personnes, dont Madame Simone Gbagbo, vont dans ce sens. Elles visaient à faciliter les efforts de paix en cours, surtout à l'approche des élections d'octobre 2020 qui ont fait craindre un retour de la violence dans le pays. Cependant, Madame Simone Gbagbo qui est l'une des personnes bénéficiaires de ces mesures d'amnistie, fait aussi l'objet d'un mandat d'arrêt délivré à son encontre par la CPI le 29 février 2012.

poursuites en cours, en raison des initiatives parallèles dans la recherche de la paix, cela laisse malheureusement croire à des tentatives d'instrumentalisation de la CPI.

Il convient de rappeler que le Statut de Rome, en son article 16 précité, prévoit expressément la possibilité de suspendre des poursuites déjà engagées pour une période d'un an renouvelable, à l'initiative du Conseil de sécurité des Nations Unies, dès lors qu'il s'agit des questions touchant au chapitre VII de la Charte de l'Organisation et qu'une telle suspension servirait les intérêts de la paix[269].

Aussi les Etats qui le souhaitent pourraient-ils le faire selon les règles de l'art, en saisissant le Conseil de sécurité aux fins d'une telle suspension. Une telle démarche pourrait d'ailleurs très possiblement recevoir le soutien intéressé de la majorité des Etats membres permanents du Conseil de sécurité qui, comme déjà évoqué, sont majoritairement très activement opposés à l'autorité de la CPI.

2. Quelles conséquences (possibles) de cette crise ?

C'est certainement à tort que l'on a évoqué la disparition possible (voire certaine) de la jeune juridiction pénale internationale basée à La Haye, relativement au retrait de certains Etats africains, retrait qui serait vraisemblablement suivi de celui

---

[269] *Cf.* Article 16 : « Sursis à enquêter ou à poursuivre », précité.

d'autres Etats du continent ou d'ailleurs dans le monde (i).

Toutefois, pour permettre à cette institution d'accomplir convenablement et efficacement la mission qui lui est dévolue, il importe que les principaux acteurs qui l'animent, au rang desquels se trouvent les Etats africains certes, mais aussi les Nations Unies, procèdent à des améliorations nécessaires (ii).

i. Quelles conséquences du retrait éventuel des Etats africains de la CPI ?

Ce serait sans doute une erreur d'appréciation de la part de certains Etats qui ont souhaité se retirer de la CPI de croire que cette juridiction disparaitrait pour autant du simple fait de leur retrait. En effet, aux termes de l'article 127 du Statut, outre le fait que le retrait ne prend effet qu'un an après le dépôt des instruments de dénonciation auprès du Secrétaire général des Nations Unies, les affaires en cours resteront toujours de la compétence de la CPI[270].

---

[270] *Cf.* Article 127, « Retrait » :
« 1. *Tout Etat Partie peut, par voie de notification écrite adressée au Secrétaire général de l'Organisation des Nations Unies, se retirer du présent Statut. Le retrait prend effet un an après la date à laquelle la notification a été reçue, à moins que celle-ci ne prévoie une date postérieure.*
2. *Son retrait ne dégage pas l'Etat des obligations mises à sa charge par le présent Statut alors qu'il y était Partie, y compris les obligations financières encourues, et n'affecte pas non plus la coopération établie avec la Cour à l'occasion des enquêtes et procédures pénales à l'égard desquelles l'Etat avait le devoir de coopérer et qui ont été commencées avant la date à laquelle le retrait a pris effet ; le retrait n'affecte en rien la poursuite de l'examen des affaires que la Cour avait déjà commencé à examiner avant la date à laquelle il a pris effet ».*

De même, le mandat de la CPI demeure universel au regard de son statut, et ce, quel que soit le retrait des Etas africains ou d'autres Etats qui pourraient suivre cette démarche. Il n'échappe à personne que les présumés auteurs des crimes internationaux relevant du mandat de la CPI pourraient toujours être inquiétés par les activités de cette juridiction permanente, notamment dans leurs déplacements dans les Etats membres du Statut de Rome ou encore suite aux décisions éventuelles du Conseil de sécurité au titre du Chapitre VII de la Charte de l'Organisation, conformément aux dispositions de l'article 13.b précité du Statut de Rome[271].

Avec aujourd'hui 123 Etats membres au Statut de Rome, dont 33 Etats africains, le retrait, même collectif de ces derniers, n'aboutirait pas pour autant conséquemment à la disparition de cette juridiction (60 ratifications devaient déjà suffire pour rendre sa création effective, conformément aux dispositions de l'article 126 du Statut). Bien au contraire, en étant non-membres, les Etats qui se seraient retirés ne pourraient plus jouer pleinement leur rôle quant au fonctionnement et à l'évolution de cette juridiction universelle, notamment lors des sessions de l'Assemblée générale des Etats parties au Statut de Rome [272]. Ce qui serait bien dommage pour un

---

[271] *Cf.* Article 13, « Exercice de la compétence » :
« b) *Si une situation dans laquelle un ou plusieurs de ces crimes paraissent avoir été commis est déférée au Procureur par le Conseil de sécurité agissant en vertu du chapitre VII de la Charte des Nations Unies* […] ».
[272] *Cf.* Article 112, « Assemblée des Etats Parties » :
« 1. *Il est constitué une Assemblée des Etats Parties au présent Statut. Chaque Etat Partie y dispose d'un représentant, qui peut être secondé par des*

continent qui, de par son histoire et sa situation actuelle, marquée par des conflits parmi les plus meurtriers au monde, aurait un intérêt tout particulier à œuvrer pour un fonctionnement effectif et efficient de cette juridiction symbole de la réprobation universelle des crimes qui heurtent la conscience de l'humanité dans son ensemble.

En outre, il n'est pas exclu que les ressortissants des Etats même non parties au Statut de Rome puissent s'exposer à des poursuites de la CPI, notamment :

- A l'initiative du Conseil de sécurité, comme susmentionné[273] ;

- En cas de présence de suspects sur le territoire des Etats parties au Statut de Rome ;

- Et, *in fine*, le principe de la compétence universelle de juridiction dont la mise en œuvre relève d'autres traités internationaux auxquels ces Etats ont souscrit ; etc.

Par ailleurs, il est nécessaire de préciser que tous les Etats africains ne sont pas candidats au retrait du Statut de Rome. En effet, certains d'entre eux sont même considérés comme des promoteurs de premier rang de cette juridiction[274], parmi lesquels l'on peut

---

suppléants et des conseillers. Les autres Etats qui ont signé le Statut ou l'Acte final peuvent y siéger à titre d'observateurs ».
[273] *Cf.* Article 13.b du Statut de Rome, précité.
[274] De même, des personnalités africaines d'envergure, comme Desmond Tutu (Prix Nobel de la Paix 1984) ou encore Kofi Annan (Prix

compter notamment le Sénégal, la Côte d'Ivoire, le Ghana, la Tunisie, le Malawi, le Botswana, etc. Il importe de rappeler, là encore, que c'est un Etat africain, en l'occurrence le Sénégal, qui fut le tout premier Etat au monde à avoir ratifié le Statut de Rome. C'était le 2 février 1999, marquant ainsi la volonté de l'Etat du Sénégal de contribuer à la lutte contre l'impunité en Afrique même et dans le reste du monde.

ii. Peut-on / comment sortir de cette crise ?

Il convient de rappeler que l'Afrique est l'une des régions du monde les mieux placées pour promouvoir la justice pénale internationale et combattre le crime de génocide, les crimes contre l'humanité, les crimes de guerre ou encore le crime d'agression qui sont inscrits dans le mandat de la CPI au titre de sa compétence matérielle. Et cela peut s'expliquer par plusieurs raisons :

- D'abord, parce que le continent africain a été historiquement l'une des régions du monde les plus exposées à certains de ces crimes particulièrement graves et qui sont aujourd'hui sanctionnés par la Communauté internationale. En effet, c'est à partir de l'Afrique qu'a été enclenchée l'une des plus grandes tragédies humaines, considérée désormais comme le plus grand crime contre

---

Nobel de la Paix 2001), avaient appelé les Etats africains au respect de leurs engagements conventionnels au regard du Statut de Rome et de la CPI.

l'humanité par son ampleur, par sa sophistication et par sa durée, à savoir l'esclavage et la traite des esclaves, qui furent pratiqués pendant près de cinq siècles, faisant ainsi des millions de victimes[275] ;

- Faut-il rappeler que le premier génocide du XXè siècle a été commis en Afrique en 1904, notamment en Namibie alors sous domination allemande où la population herero a été exterminée (plus de 85 000 victimes sur une population totale d'environ 100 000 habitants à l'époque) ? ;

- C'est encore en Afrique, notamment en Afrique australe (Afrique du Sud), qu'eurent lieu les premiers camps de concentration modernes à la fin du XIXè siècle[276]. C'était lors de la fameuse « Guerre des Boers [277] » (la seconde, celle qui a duré du 11 octobre 1899 au 31 mai 1902) où 116 572 personnes (des Boers)

---

[275] Voir à ce sujet, et à titre d'exemple, l'article 1er de la Loi L. 2001-434 du 21 mai 2001 (dite Loi TAUBIRA) qui dispose : « *La République française reconnaît que la traite négrière transatlantique ainsi que la traite dans l'Océan Indien d'une part, et l'esclavage d'autre part, perpétrés à partir du XVe siècle, aux Amériques et aux Caraïbes, dans l'Océan Indien et en Europe contre les populations africaines, amérindiennes, malgaches et indiennes constituent un crime contre l'humanité* ». Voir également notre article intitulé : « De la mémoire de l'esclavage à la mémoire de l'humanité », *La Libre Belgique*, 22 juillet 2020.

[276] TUTU D., *Il n'y pas d'avenir sans pardon*, Paris, Albin Michel, 2000.

[277] Il est à préciser que cette guerre s'est déroulée en deux phases indépendantes :
- La première, du 16 décembre 1880 au 23 mars 1881 ;
- La seconde, du 11 octobre 1899 au 31 mai 1902.

furent envoyées dans des camps de concentration, soit à peu près un quart de la population, auxquels il faut ajouter quelques 120 000 Africains noirs[278]. Il y eut au total 45 camps de tentes construits pour enfermer ces civils ainsi que 64 autres pour les Noirs (garçons des fermes, bergers, etc.) qui avaient vécu auprès des Boers ;

- C'est aussi en Afrique qu'a eu lieu le dernier génocide du XX^è siècle, celui perpétrés contre les Tutsi du Rwanda, avec entre 800 000 et 1 000 000 de victimes en 1994 ;

- Il convient de rappeler également que, selon plusieurs études dont celles des Nations Unies[279], l'Afrique est l'une des régions du

---

[278] Voir à ce sujet, entre autres :
- BOUYSSY A., *Les Boers. Histoire de la guerre anglo-boer*, Paris, Plon 1903, in-12, p. 585;
- FARWELL, Byron (1976). *The Great Anglo-Boer War*. New York: Harper and Row;
- GORDON, April A.; GORDON, Donald L., eds. (2001). *Understanding Contemporary Africa*. 3rd ed. Boulder, Colorado: Lynne Rienner.

[279] *Cf. Le Monde Afrique*, « En Centrafrique, nouvelle alerte sur les risques de génocide », 23 août 2017. Voir aussi la déclaration du Secrétaire général des Nations Unies, Antonio GUTERRES, à l'occasion de la Journée internationale de commémoration des victimes du crime de génocide, le 9 décembre 2019 : « *Trop souvent, le monde a manqué à son devoir envers les populations menacées de génocide, de crimes contre l'humanité, de crimes de guerre et de nettoyage ethnique. Les exemples sont nombreux, et nous les connaissons bien* ». Et d'ajouter : « *La prévention du génocide n'est pas seulement un impératif moral, c'est une obligation juridique aux termes de l'article premier de la Convention pour la prévention et la répression du crime de génocide* », a rappelé Antonio GUTERRES, tout en précisant que « *la responsabilité de prévenir ce crime incombe au premier chef aux États* ».

monde les plus exposées aux risques de génocide au cours de ce XXIè siècle. Il s'agit là encore d'une raison suffisante pour que l'Afrique soit à la pointe de la sanction pénale internationale pour des faits de crimes contre l'humanité. Une telle démarche pourrait avoir des vertus prophylactiques indéniables pour ce continent et n'être que bénéfique pour ses populations ;

- Enfin, d'après les études de l'*Atrocity Forecasting Project*[280] (Projet de prévision des atrocités) de l'Université de Sydney en Australie, le risque de génocide demeure malheureusement réel dans de nombreuses régions du monde et ce risque est particulièrement élevé pour les Etats africains, parmi lesquels la République centrafricaine (RCA), la République démocratique du Congo (RDC), la Guinée, le Mali, le Tchad, etc.

Aussi, en tant que continent ayant connu un long passé marqué à la fois par l'esclavage et la traite négrière cinq siècles durant, le colonialisme et l'impérialisme, les génocides, les crimes de masse et l'apartheid[281], etc., comment l'Afrique pouvait-elle

---

[280] Cf. l'article intitulé : « Où se déroulera le prochain génocide ? », *Slate.fr*, 17 avril 2014.
[281] Cf. la Convention internationale sur l'élimination et la répression du crime d'apartheid est approuvée par l'Assemblée générale (résolution 3068 (XXVIII). Cette Convention, adoptée le 30 novembre 1973, est entrée en vigueur le 18 juillet 1976. Aux termes de l'article 1er de cette Convention, les Etats parties déclarent que « [...] *l'apartheid est un crime contre l'humanité et que les actes inhumains résultant des politiques et*

objectivement être réfractaire à une juridiction pénale internationale permanente dont la vocation est très précisément - et fort heureusement - de combattre universellement de tels crimes aujourd'hui ? Est-ce crédible pour les Etats africains qui exigent la reconnaissance et la réparation pour les crimes du passé (ce qui est absolument juste et légitime), de s'opposer en même temps à une institution pénale internationale, créée avec leur précieux concours et par leur volonté, dans le but de combattre justement les mêmes crimes qui sont malheureusement commis aujourd'hui encore, notamment en Afrique ?

Il convient de rappeler que la responsabilité principale en matière de sanction des crimes contre l'humanité, commis sur le continent africain, doit incomber d'abord aux Etats africains eux-mêmes, qui ont intérêt à se donner les moyens de leurs politiques pénales. A ce titre, la création des Chambres extraordinaires africaines (CEA, une juridiction *ad hoc*), qui a rendu possible le procès de l'ancien Chef de l'Etat tchadien Hissein Habré, en est l'une des illustrations et une expérience édifiante pour le continent africain. En effet, en dépit des difficultés rencontrées avant leur création, la mise sur pied des Chambres extraordinaires africaines et le procès de Hissein Habré qui s'en est suivi ont montré que l'Afrique a la capacité de gérer elle-même ses affaires

---

pratiques d'apartheid et autres politiques et pratiques semblables de ségrégation et de discrimination raciales, définis à l'article II de la Convention, sont des crimes qui vont à l'encontre des normes du droit international, en particulier des buts et des principes de la Charte des Nations Unies, et qu'ils constituent une menace sérieuse pour la paix et la sécurité internationales ».

relatives aux crimes internationaux, y compris lorsqu'il s'agit d'engager la responsabilité de ses dirigeants ou ex-dirigeants.

Le 27 avril 2017, l'appel interjeté par les avocats de l'ancien président du Tchad Hissein Habré a été rejeté par les Chambres africaines extraordinaires, sauf en ce qui concerne le chef de viol direct pour lequel il a été acquitté. La condamnation de l'ancien chef de l'Etat tchadien à la peine d'emprisonnement à perpétuité pour crimes contre l'humanité, crimes de guerre et torture a donc été définitivement confirmée[282].

De ce qui précède, on peut dire qu'*a priori* le Protocole de Malabo, portant amendements au Protocole portant Statut de la Cour africaine de justice et des droits de l'homme (ci-après le Protocole de Malabo), adopté par l'Union africaine en juin 2014, devrait logiquement aller dans le sens du renforcement des capacités de l'Afrique en matière de sanction des crimes internationaux.

Cependant, cet instrument juridique qui prévoit d'intégrer un volet pénal dans la compétence de la Cour africaine de justice et des droits de l'homme (CAJDH) n'est toujours pas entré en vigueur plus de sept ans après son adoption, et suscite un certain

---

[282] En effet, en vertu de son statut, l'arrêt rendu par la Chambre africaine extraordinaire d'appel était définitif et sans recours. Il est à noter que Hissein Habré, qui purgeait sa peine à Dakar au Sénégal, décédera le 24 août 2021 des suites de maladie.

nombre d'inquiétudes[283]. Parmi les aspects les plus discutables du Protocole de Malabo, on peut relever entre autres[284] :

- L'immunité judiciaire due aux « *chefs d'Etat et de gouvernement en exercice* » et « *autres haut fonctionnaires* [285] » ! Cette clause d'immunité, qui semble aller à l'encontre des principes fondamentaux de l'organisation continentale, pourrait sérieusement entamer la crédibilité de la CAJDH dans la lutte contre l'impunité en Afrique ;

- En conférant à la CAJDH une compétence large, couvrant trois domaines du droit international, cette juridiction pourrait éprouver des difficultés à remplir convenablement et efficacement sa mission[286] ;

- Il n'est pas exclu non plus que les Etats africains qui sont également parties au Statut

---

[283] Amnesty International, « Protocole de Malabo : incidences juridiques et institutionnelles de l'élargissement du champ de compétence et de la fusion de la Cour africaine », 2017, pp. 3-14.
[284] *Idem.*
[285] *Cf.* Article 46A bis du Protocole qui dispose : « *Aucune procédure pénale n'est engagée ni poursuivie contre un chef d'Etat ou de gouvernement de l'UA en fonction, ou toute personne agissant ou habilitée à agir en cette qualité ou tout autre haut Responsable public en raison de ses fonctions* ».
[286] En effet, le Protocole de Malabo ne prévoit que six juges à affecter à la Section des crimes internationaux de la CAJDH qui aura pourtant compétence à juger pour au moins 14 crimes, dont certains ont des définitions assez vagues comme les crimes de « Terrorisme » (article 28G) ou encore le « Crime relatif au changement anticonstitutionnel de gouvernement » (article 28E).

de Rome soient confrontés à des difficultés dans la mise en œuvre de leurs engagements vis-à-vis des deux juridictions, la CAJDH et la CPI, notamment en cas d'obligations concurrentes en matière de coopération, d'inculpation et de remise, etc. Il est à noter que le Statut de Rome, tout comme le Protocole de Malabo, prévoit des mesures d'application au niveau du droit domestique ; ce qui ne se fera pas sans difficultés en raison d'un certain nombre de différences entre les deux traités, entre autres les définitions des crimes[287] ;

- L'accès limité des individus et de la société civile à la juridiction de la CAJDH[288] ! En effet, en vertu de l'article 53 du Protocole de Malabo, seuls les organes de l'Union africaine pourront solliciter des avis consultatifs. De même, seuls des individus africains ou les ONG africaines auraient accès à la juridiction de la CAJDH (article 30.f); ce qui représente plutôt un recul par rapport au droit d'accès dont jouissaient traditionnellement les ONG auprès des instances africaines ;

- La mise en œuvre du Protocole de Malabo pourrait aussi être contreproductive pour la compétence de la CAJDH en matière de droits humains. En effet, le nombre de juges en

---

[287] Amnesty International, « Protocole de Malabo : incidences juridiques et institutionnelles de l'élargissement du champ de compétence et de la fusion de la Cour africaine », *op. cit.*, p. 10.
[288] *Idem*, p. 11.

charge des questions relatives aux droits de l'homme et des peuples passera ainsi de 11 à 5 ! Cette transformation ne sera pas sans conséquences sur les capacités, déjà réduites, de cette juridiction à traiter rapidement et efficacement les affaires dont elle est saisie.

Cependant, pour revenir spécifiquement aux activités de la CPI, en tant que juridiction pénale permanente avec un mandat universel, celle-ci devra améliorer ses stratégies d'action pour être davantage à la hauteur de la mission qui lui est conférée par la Communauté internationale. En effet, c'est dès l'avènement des Nations Unies que la Communauté internationale a proclamé sa foi dans la dignité et la valeur de la personne humaine[289], partout dans le monde et sans distinction aucune, et a fait de la sanction des crimes internationaux l'une de ses missions essentielles.

Ce contentieux entre les Etats africains, individuellement et dans le cadre plus concerté de l'Union africaine (UA), et la CPI montre bien que la justice pénale internationale, dans son expression la plus aboutie conséquemment au Traité de Rome et dans sa mise en œuvre concrète, est et demeure un instrument pertinent de dissuasion judiciaire universelle, à même de raisonner la raison d'Etat sur des bases juridiques objectives et rationnelles.

---

[289] Charte de l'ONU, Préambule, §1.

Les renvois opérés par les Etats africains eux-mêmes, en autorisant des poursuites contre les présumés auteurs des crimes graves commis sur leurs territoires, ou encore ceux initiés par le Conseil de sécurité des Nations Unies, même lorsqu'il s'agit d'Etats non parties au Statut de Rome, prouvent amplement que la CPI reste un important instrument de dissuasion judiciaire et ce, nonobstant les nombreuses difficultés constatées dans son opérationnalisation.

De même, les situations ayant donné lieu à l'autosaisine du juge de La Haye vont dans le sens d'une plus grande autorité et d'une marge de manœuvre plus adaptée pour permettre à la CPI d'accomplir convenablement et efficacement les missions qui lui sont dévolues par la Communauté internationale dans sa composante la plus représentative de l'humanité et au nom de laquelle cette juridiction opère.

Toutefois, le contentieux entre la CPI et certains Etats africains qui cherchent à se détourner de cette juridiction universelle montre suffisamment la vulnérabilité de cette institution, ses limites ainsi que les difficultés à transcender les souverainetés étatiques et à pouvoir ainsi raisonner véritablement la raison d'Etat.

En termes de stratégies d'action de la CPI, il convient de noter que les citations à comparaître semblent poser moins de problèmes que les mandats d'arrêt qui sont systématiquement perçus comme des procédés de stigmatisation, surtout lorsqu'il s'agit de dirigeants en exercice. Or, à ce jour, la CPI a émis 35 mandats d'arrêts contre 9 citations à comparaître !

De même, la délocalisation du siège de la CPI dans un pays africain[290] (la Tanzanie, par exemple, qui a déjà abrité le siège du Tribunal pénal international pour le Rwanda [TPIR]) ou, à défaut, la tenue des audiences foraines dans des pays africains, pourraient contribuer à rapprocher cette juridiction des justiciables africains. Le bénéfice d'un tel rapprochement de la CPI avec les sociétés africaines serait grand en termes d'impact social sur ce continent qui est à l'heure actuelle la région du monde la plus concernée par les activités de cette juridiction.

Dans tous les cas, cela ne serait que justice car, comme évoqué, la contribution décisive des Etats africains à l'émergence de cette juridiction est incontestable, d'une part, et le fait que l'Afrique soit la région du monde ayant connu dans l'histoire des crimes contre l'humanité d'une rare ampleur, ferait d'une telle décision un symbole particulièrement fort pour la CPI elle-même, d'autre part.

---

[290] Au passage, l'on peut s'interroger sur la pertinence de faire abriter le siège de cette juridiction symbole (la CPI donc) par un pays qui abrite déjà ou a abrité plusieurs autres juridictions internationales, notamment :
- La Cour internationale de justice (CIJ), depuis 1946 ;
- Le Tribunal spécial des Nations Unies pour le Liban (TSL), depuis 2009 ;
- Le Tribunal pénal international *ad hoc* pour l'ex-Yougoslavie (TPIY), de 1993 à 2017;
- La Cour permanente de justice internationale (CPJI), de 1922 à 1946.

Conclusion
De la raison d'Etat à la primauté de l'Etat de droit : pour un retour à la mission originelle de l'Etat

Dans cette partie conclusive de notre analyse, portant sur la justice pénale internationale comme un instrument idoine pour raisonner la raison d'Etat, il paraît indispensable de mettre l'accent sur la nécessité de la primauté de l'Etat de droit qui est la condition *sine qua non* pour un retour à la mission originelle de l'Etat. Des pièges de la certitude sur la fin supposée du fameux principe de Westphalie[291], il convient de souligner la persistance des incertitudes dont la mise à mal de l'autorité de la justice pénale internationale n'est que l'une des nombreuses illustrations(i).

En effet, renouer avec la mission originelle de l'Etat, qui est en premier lieu celle de protéger toutes les personnes sous sa juridiction ainsi que leurs biens, permet de préserver une certaine idée de l'humanité qui a accompagné l'émergence de l'Etat moderne et de limiter, par la même occasion, les risques de commission des crimes que la justice pénale internationale a justement pour vocation de sanctionner (ii).

---

[291] *Cf.* notre article : « Peut-on, à bon droit, parler de rupture dans le droit international depuis la chute du Mur de Berlin ? », *Revue de l'Université catholique de Lyon*, 10/2006, pp. 33-42. Voir également : HEISBOURG F., « La fin du modèle westphalien », *Autrement*, n°123, 2002, p. 40.

Ainsi que le souligne Antoine Garapon, « [l]*e crime contre l'humanité sanctionne l'effondrement de l'idée centrale de souveraineté, véritable clé de voûte de tout le système juridique et de son articulation au politique. En cessant de protéger ses ressortissants, l'Etat rompt aussi le fondement de l'association politique qui est à chercher, pour Hobbes*[292]*, dans la quête de sécurité. Cette mort ne vient plus* [*aujourd'hui*[293]] *de la guerre civile, pas même de la guerre tout court, mais du massacre d'innocents par les moyens les plus sophistiqués de l'Etat moderne*[294] ».

i. De la certitude à la persistance des incertitudes

Il y a une mise à mal de l'autorité de la justice pénale internationale qui suscite un certain nombre de questions, fondamentales et persistantes, depuis l'émergence de ce mécanisme.

En suivant une certaine logique, on pourrait dire que la « mise en œuvre effective » de la justice pénale internationale aujourd'hui pourrait permettre de libérer définitivement les sociétés du « mal politique », des abus et autres dérives de la raison d'Etat ainsi que de l'impunité qui ont toujours prévalu dans l'histoire des grands crimes et des relations internationales. Ces crimes n'ont-ils pas souvent un caractère, sinon une finalité politique, étant de ce fait sponsorisés par l'Etat[295] ?

---

[292] HOBBES Th., *Léviathan,* Paris, Gallimard, Collection Folio, 2000 ; *Du Citoyen*, Paris, Flammarion, 1982.
[293] Nous le soulignons.
[294] GARAPON A., *Des crimes qu'on ne peut ni punir ni pardonner, op. cit.*, p. 140.
[295] *Cf.* Notre article : "Do we well treat the authors of the state sponsored

Or, pendant très longtemps, les idéologies avaient confié à la politique la responsabilité de régénérer l'humanité et, au lieu de veiller à la préservation du bien commun, des Etats se sont souvent/parfois révélés responsables des crimes les plus graves, employant leur puissance pour détruire les populations sous leurs juridictions[296]. Face à la dérive et à la perversion politiques, c'est souvent à la morale que l'on fait recours ! Et la morale, celle des droits de l'homme notamment, s'attribue le droit et même la légitimité de juger et de punir les auteurs des violations les plus graves de la dignité ou de la valeur de la personne humaine [297]. La justice pénale internationale se fonde ainsi sur une alliance entre le droit et la morale, en cherchant à instaurer un nouvel ordre juridique et éthique mondial[298].

Mais, en réalité, la justice pénale internationale n'est-elle pas tout juste au stade de l'ébauche ? N'est-elle pas un processus encore en cours, un « devoir-être » pour ainsi dire, un objet de lutte qui restera longtemps encore soumis aux enjeux politiques, géopolitiques et géostratégiques ? Pour Antoine

---

violence", *The VIIth International Symposium – Caring for Survivors of Torture*, Cape Town (South Africa) 15-17 November 1995, IRCT, Abstracts booklet, pp. 95 sq.

[296] DELSOL C., *La grande méprise*, op. cit., p. 59 (V. aussi à ce sujet le discours précité de Boutros Ghali lors du Sommet mondial des droits de l'homme de Vienne en 1993).

[297] DELMAS-MARTY M., *Les forces imaginantes du droit : le relatif et l'universel*, Paris, Seuil, 2004, pp. 37-39 ; pp. 74-87 ; pp. 290-307, etc.

[298] Cf. notre article : « La Déclaration universelle des droits de l'homme ou l'émergence progressive d'un nouvel ordre juridico-éthique mondial », *Revue Aspects*, Numéro hors série, sous la direction de Yadh BEN ACHOUR, 2008, pp. 59-82 ;

Garapon, l'émergence de la justice pénale internationale reste un idéal certes, mais un idéal en acte tout de même : « *En créant le Tribunal de Nuremberg, les Alliés ont soulevé un immense espoir, celui d'un universalisme juridique insensible aux nationalités, aux rapports de puissance. L'important était moins de réaliser immédiatement cet idéal que de montrer qu'il était désormais possible*[299] ».

En effet, en donnant pour définitivement acquis ce que l'histoire n'a pas encore accompli, on court inévitablement le risque d'être déçu, notamment au vu des réalités observables[300]. Les divergences entre l'Europe et les Etats-Unis au sujet de la crise du Darfour (Soudan) et les suites judiciaires pénales à donner, vu l'ampleur des atrocités[301], l'opposition ouverte des autorités américaines à la mise en œuvre de la CPI, la non-ratification par certains Etats (et non des moindres !) du Traité de Rome du 17 juillet 1998, entre autres, montrent bien qu'en réalité, la justice pénale internationale a encore du chemin à faire pour asseoir véritablement son autorité et, à l'occasion, raisonner véritablement la raison d'Etat. Aussi, de ce qui précède, peut-on dire qu'en droit international, « *vous chassez le politique et la souveraineté étatique et ils reviennent au galop*[302] ».

---

[299] GARAPON A., *Des crimes qu'on ne peut ni punir ni pardonner, op. cit*, pp. 85-86.
[300] *Idem*.
[301] *Le Monde*, 26 mars 2005, p. 32.
[302] Cf. notre article : « Approche pénale et questionnement sur les « réparations » : peut-on modéliser un concept ? », communication faite au Parlement des Mémoires 2005, « *Mémoires croisés d'Europe et d'Algérie* » (Lyon 20 & 21 mai 2005, Université Catholique de Lyon-

Toutefois, peut-on aujourd'hui encore prétendre défendre objectivement l'idée, plutôt pessimiste et polémique, selon laquelle la justice pénale internationale ne serait que de la poudre aux yeux, la continuation de la guerre par d'autres moyens et s'arc-bouter au principe cardinal de la souveraineté de l'Etat [303] ? Il est incontestable que le processus engagé avec le Traité de Rome est aujourd'hui irréversible, nonobstant l'opposition de certains Etats et les lacunes intrinsèques à la justice pénale internationale et, plus largement, au droit international lui-même.

En effet, dans un contexte international radicalement métamorphosé par la montée en puissance de nouveaux pouvoirs transnationaux, notamment les ONG qui ont pris conscience de leur immense influence dans les affaires du monde et de la nécessité d'opposer aux Etats un véritable contre-pouvoir transnational, cette résistance au nom de la souveraineté nationale ne fait que peu de poids, en tout cas moins que ça ne l'a été par le passé[304].

UCLY). Colloque organisé conjointement par la Compagnie des Artisans de Mémoires et l'Institut des Droits de l'Homme de Lyon (IDHL).
[303] DELSOL C., *La grande méprise, op. cit.* Pour l'auteure, l'idée séduisante de justice internationale ne trouve pas de légitimité théorique, y compris au regard de ses propres références. Aucune justice ne peut s'exercer sans la reconnaissance et il faudrait donc, auparavant, convaincre. Faute de quoi, il lui faudra partout user de la contrainte, voire de la violence pour compenser le « déficit » de la légitimité des lois qui la fondent.
[304] RAMONET I., *Géopolitique du chaos*, op. cit. pp. 235-255.

En même temps, on est encore bien loin de la fin supposée du modèle westphalien[305], même si l'Etat n'est plus aujourd'hui le seul acteur international et que l'on peut oser raisonner la raison d'Etat, surtout lorsque les atteintes les plus graves sont portées à la souveraineté de l'individu, détruisant ce qu'il y a de plus commun à l'humanité dans son ensemble[306]. Par-delà les analyses militantes et axiologiques, sans doute trop facilement optimistes, et les discours politico-idéologiques prétendument réalistes, il faut soupeser les arguments en présence pour bien voir à chaque fois ce qui fait véritablement défaut dans la mise en œuvre effective et efficiente de la justice pénale internationale.

En effet, quelle est la pertinence opératoire d'une justice internationale qui se veut universelle, hors du temps et de l'espace ; une justice qui se veut dire le droit au nom de l'humanité dans son ensemble et, à cette occasion, transcender toutes les différences historiques, socioculturelles, nationales,

---

[305] HEISBOURG F., « La fin du modèle westphalien », *op cit.*, p. 40.
[306] Dans sa déclaration liminaire précitée, lors de la première audience du procès de Nuremberg, Robert Jackson explique en fait que la victoire militaire n'est pas une réponse suffisante aux actes imputables aux chefs nazis. Il était donc nécessaire que la sanction soit l'émanation de l'autorité et de la suprématie de la loi sur la force brutale et cynique avec quelques objectifs majeurs. Savoir le *pourquoi* et le *pour-quoi* de ce qui s'est passé, empêcher l'oubli et éviter l'impunité : « *Les crimes que nous cherchons à condamner et à punir ont été à ce point prémédités, pervers et dévastateurs que la civilisation ne peut tolérer qu'ils soient ignorés car on ne pourrait survivre s'ils étaient réitérés* ». On était sorti du champ strictement militaire pour investir celui du droit et de la loi, les responsabilités personnelles des chefs nazis étaient engagées au lieu du seul affrontement impersonnel des Etats.

communautaires, etc., ainsi que les différentes traditions juridiques et judiciaires ? Une telle justice, mondiale et universelle, devrait logiquement reposer sur des normes universellement reconnues par tous les acteurs internationaux. Ce qui est bien loin d'être véritablement le cas aujourd'hui, y compris lorsqu'il est question des droits de l'homme qui sont pourtant supposés être intrinsèquement marqués du sceau de l'universalité[307].

Pour reprendre les pertinentes question que pose Antoine Garapon dans son ouvrage précité [308], comment concevoir l'effectivité, l'opérabilité d'une telle justice qui n'est en principe adossée à aucune souveraineté ? Qui exécutera ses décisions ? N'a-t-elle pas besoin d'Etats sergents pouvant lui prêter main forte, à chaque fois que nécessaire ? Dans l'affirmative, cela ne risque-t-il pas de conférer aux Etats la possibilité, voire un droit de regard sur ses décisions ; ce qui la priverait en grande partie de son indépendance et de son impartialité desquelles dépend sa crédibilité[309] ? En effet, comment pourrait-elle rester impartiale vis-à-vis d'une force, fût-elle multinationale, engagée à la soutenir [310] ?

Ce débat, qui relève quelque part de l'ancestralité même de la justice pénale internationale, reste

---

[307] YACOUB J., *Les droits de l'homme sont-ils exportables ?*, Ellipses, Paris, 2005, pp. 5-68.
[308] GARAPON A., *Des crimes qu'on ne peut ni punir ni pardonner, op. cit.*, pp. 307-342.
[309] *Idem*.
[310] *Ibid*.

toujours d'actualité, notamment au travers des tensions récurrentes entre la CPI et certains Etats ou régions du monde. Car, il porte aujourd'hui sur l'indépendance de la Cour pénale internationale, par exemple, à l'égard aussi bien des Etats que des organisations internationales comme le Conseil de sécurité des Nations Unies qui est l'un des acteurs majeurs dans son fonctionnement. Cette indépendance de la Cour peut se vérifier, principalement au travers trois de mécanismes[311] :

- Le premier est relatif aux modes de saisine de l'autorité de poursuite qu'est le Procureur, tel qu'évoqué précédemment ;

- Le deuxième s'articule en référence aux principes de complémentarité ou de primauté avec, là aussi, des risques de fragilisation, voire des tentatives d'instrumentalisation de cette juridiction ;

- Le troisième s'analyse à travers la coopération avec les Etats pour l'exécution des mandats et des sanctions devenues définitives[312]. Il s'agit là encore d'un aspect particulièrement délicat, marqué par une politisation systématique des débats, surtout quand il est question de poursuites à l'encontre des personnes exerçant des fonctions étatiques, comme l'ont montré certaines affaires susmentionnées ou encore les

---

[311] *Ibid.*
[312] BAZELAIRE J.-P. & CRETIN T., *La justice pénale internationale, op.cit.,* pp. 91-100.

injonctions inacceptables et les menaces récurrentes des Etats-Unis, en particulier sous l'Administration Trump[313].

Comme précédemment évoqué, les possibilités de saisine de la Cour restent limitées et encadrées. En effet, aux termes de l'article 23 du Statut de Rome, le Procureur général ne peut être saisi par un Etat partie que dans les circonstances et sous les conditions exposées à l'article 14. Il peut aussi être saisi par le Conseil de sécurité agissant au titre du chapitre VII de la Charte de l'ONU et enfin, le Procureur général peut se saisir de sa propre initiative au vu des renseignements concernant les crimes relevant de la compétence de la Cour[314].

De même, contrairement au Tribunal international *ad hoc* pour l'ex-Yougoslavie et celui équivalent pour le Rwanda, qui avaient la primauté de compétence sur les juridictions nationales en vertu des articles 9 et 8 de leurs statuts respectifs, la Cour pénale internationale reste gouvernée par le principe de subsidiarité selon l'article 1er de son Statut. Ce qui montre, une fois encore, que la justice pénale internationale reste un recours d'exception et que la responsabilité principale en matière de sanction des crimes contre l'humanité, en l'état actuel du droit international, incombe d'abord aux Etats.

---

[313] De 2017 à 2021, en particulier au cours de l'année 2020.
[314] *Cf.* Article 15 précité du Statut de la Cour.

Enfin, l'exécution des mandats et des peines ne dépend pas que de la Cour qui n'a pas de bras armé propre aux fins de faire respecter ses décisions. Cela dépend des Etats ou du Conseil de sécurité de l'ONU qui, faut-il encore le répéter, reste un organe très politisé et marqué par des jeux d'influence idéologiques, géopolitiques et autres qui ne sont pas nécessairement en faveur de la paix et de la sécurité internationales, lesquelles sont pourtant sa raison d'être. De même, comme l'a si bien démontré l'expérience de l'ex-Yougoslavie, les Etats dont les ressortissants sont concernés par les poursuites pénales ne sont pas particulièrement disposés à œuvrer pour l'application effective des décisions de la justice pénale internationale[315].

De tout ce qui précède, l'on est en droit de se poser la question de savoir si la justice pénale internationale est la seule solution appropriée face à des phénomènes aussi complexes que sont les crimes internationaux qui heurtent la conscience de l'humanité[316]. En effet, en plaquant les formes du procès pénal, qui a sans doute fait ses preuves pour les crimes de droit commun, à des crimes généralisés et d'une gravité singulière comme les crimes contre l'humanité, la justice pénale internationale ne risque-t-elle pas de se priver des moyens pouvant lui permettre d'être véritablement à la hauteur de sa

---

[315] YACOUB J., *Les droits de l'homme sont-ils exportables ? op. cit.*, pp. 147-152.
[316] HAZAN P., *La paix contre la justice : Comment reconstruire un Etat avec des criminels de guerre*, André Versaille Editeur-GRIP, Bruxelles, 2010.

mission, multidimensionnelle, complexe et holistique[317] ?

Il est à noter que l'attractivité exercée par le symbole de la justice pénale internationale tend parfois à créer chez les défenseurs des droits de l'homme et les victimes une « obsession judiciaire[318] », faisant du procès et, par extension, du droit pénal une véritable panacée. Certes, le procès pénal est porteur de vertus réparatrices, voire prophylactiques, indéniables ! Mais, pour que la vérité judiciaire ait véritablement les effets qu'on lui prête généralement, il lui faut affronter préalablement une Babylone de règles et de principes intransgressibles[319], avant de passer victorieusement au travers des flammes de la contradiction, inhérente à tout procès juste et équitable[320].

C'est à ce niveau précisément que se situe l'importance du débat relatif à d'autres voies de recours, aux solutions alternatives ou tout simplement complémentaires au procès pénal, étant donné que les crimes contre l'humanité brouillent la panoplie judiciaire classique[321]. Est-il si simple de garantir l'esprit et le caractère universels de la justice pénale internationale sans imposer les instruments

---

[317] GAREAU J.-F., In *Crimes de l'histoire et réparations : les réponses du droit et de la justice*, BOISSON de CHAZOURNES L., QUEGUINER J.-F. et VILLALPANDO S. (dir.), *op. cit.*, pp. p. 35.
[318] *Idem*.
[319] GARAPON A., *Des crimes qu'on ne peut ni punir ni pardonner*, *op. cit.*, pp. 272 sq.
[320] *Idem*, p. 198.
[321] *Ibid*.

propres au système occidental, notamment le procès pénal et le modèle rétributif fondés sur le caractère strictement personnel de la peine, privilégiant la punition et fermant la voie à d'autres alternatives[322]?

C'est tout le questionnement autour de la mission assignée à la Cour pénale internationale aujourd'hui. En effet, pour être véritablement universelle et dire le droit au nom de toute l'humanité, ne devrait-elle pas quelque peu se « désoccidentaliser[323] », à la fois dans sa conception même ainsi que dans sa pratique effective et, à cette l'occasion, intégrer d'autres visions de l'humanité ou de la sanction des crimes contre l'humanité, comme ce fut le cas notamment en Afrique du Sud avec la Commission vérité et réconciliation ou encore au Rwanda avec les instances *gacaca*[324] ?

---

[322] TUTU D., *Il n'y a pas d'avenir sans pardon*, op. cit., pp. 27-40.
[323] GARAPON A., *Les crimes qu'on ne peut ni punir ni pardonner*, op. cit.
[324] *Cf.* nos articles suivants :
- « La justice transitionnelle : entre traditions culturelles et modernité judiciaire », *Revue de l'Université catholique de Lyon*, 28/2015, pp. 38 & sq. ;
- « Vers une réhabilitation et une mondialisation de la mémoire de l'Humanité ? », *Etudes interculturelles*, 8/2014, pp. 199-206 ;
- « La Commission vérité et réconciliation en Afrique du Sud : entre droit, politique et traditions ancestrales », *Etudes interculturelles*, 8/2014, pp. 69-78 ;
- « La problématique de la diversité dans la Nouvelle Afrique du Sud », *Etudes Interculturelles*, 5/2012, Tome 1, pp. 99-113 ;
- « La dimension culturelle de la gestion du génocide au Rwanda : l'expérience des « gacaca », *Etudes Interculturelles*, 3/2009, pp. 187-194 ;
- « Justice, vérité et réconciliation au Rwanda après le génocide : la question des « *gacaca* », *Cahiers de l'Institut des droits de l'homme de Lyon*, Lyon, mai 2004, pp. 189-225 ;

ii. La justice pénale internationale : Un outil au service d'une certaine idée de l'humanité

> « *C'est l'idée d'humanité qui constitue la seule idée régulatrice en termes de droit international*[325] »
> Hannah Arendt

L'émergence de la justice pénale internationale apparaît comme une injonction faite à l'Etat de revenir à sa mission originelle, à savoir la mission de protection qui consiste à assurer la sécurité de toutes les personnes se trouvant sous sa juridiction, ainsi que de leurs biens [326]. Tel est, semble-t-il, la vocation ultime de l'Etat qui se dégage entre autres de la Déclaration américaine d'indépendance[327] (1776), de

---

- « Le Rwanda ose relire les pages de l'innommable : essai de refléxion sur les juridictions « *gacaca* », *Courrier de l'ACAT*, jananvier-février 2003, pp. 32-34 ;
- « Do we well treat the authors of the State sponsored violence ? », *International Rehabilitation Center for the Victims of Torture* (IRCT) & *Trauma Center*, Cape Town, november 1995, pp. 95 & sq.

[325] *Les origines du Totalitarisme*, Paris, Seuil, 1972.

[326] ARSAC P., CHABOT J.-L. & PALLARD H., *Etat de droit, droits fondamentaux et diversité culturelle*, Paris, L'Harmattan, 1999. Voir aussi à ce sujet, notre article : « L'Etat : une condition *sine qua non* pour la réalisation des droits de l'homme », *Etudes interculturelles*, 10/2016, pp. 121-137.

[327] *Cf.* Préambule, aux termes duquel « […] *les hommes sont créés égaux* » et « *sont investis par leur Créateur de certains droits inaliénables parmi lesquels figurent la vie, la liberté et l'aspiration au bonheur* » (§3). Et, pour assurer ces droits, « […] *sont institués parmi les hommes des gouvernements qui tiennent leurs justes pouvoirs du consentement de ceux qu'ils gouvernent* » (§4). Aussi, chaque fois qu'une forme de pouvoir va à l'encontre de ces fins humaines, les peuples ont-ils « […] *le droit de changer ou d'abolir leur gouvernement, d'instituer un nouveau régime sur des bases et avec une*

la Déclaration des droits de l'homme et du citoyen[328] (1789) ou encore de la Déclaration universelle des droits de l'homme (1948). Par conséquent, l'obéissance à l'Etat est une obéissance conditionnée puisqu'elle relève d'un contrat social synallagmatique. C'est ce que justifie le fameux principe de la résistance à l'oppression, tel qu'il a été consacré par différents instruments relatifs aux droits de l'homme[329].

L'Etat perd non seulement de sa crédibilité mais également de sa légitimité lorsqu'il devient criminel ou simplement complice des crimes graves en les sponsorisant, tout en s'abritant prétendument derrière sa souveraineté. C'est dans cette dimension que l'on peut inscrire le propos particulièrement édifiant de Nelson Mandela, tenu le 8 juin 1998 lors du 34è Sommet de l'Union africaine (UA) à Ouagadougou (Burkina Faso) : « [...] *nous ne devons pas utiliser de manière abusive le concept de souveraineté nationale pour nier* [...] *le droit et le devoir d'intervenir*

---

constitution telles que leur sécurité et leur bonheur futurs semblent assurés avec le plus de probabilité » (§ 5).

[328] *Cf.* Article 2 de la Déclaration aux termes duquel : « *Le but de toute association politique est la conservation des droits naturels et imprescriptibles de l'homme. Ces droits sont la liberté, la propriété, la sûreté, et la résistance a l'oppression* ».

[329] *Cf.* Déclaration américaine d'indépendance de 1776 (Préambule, §5), la Déclaration des droits de l'homme et du citoyen de 1789 (article 2, précité), la Déclaration universelle des droits de l'homme de 1948 (Préambule, §3, aux termes duquel, il est disposé : « *Considérant qu'il est essentiel que les droits de l'homme soient protégés par un régime de droit pour que l'homme ne soit pas contraint, en suprême recours, à la révolte contre la tyrannie et l'oppression* »), etc.

quand, derrière ces frontières souveraines, les populations sont massacrées pour protéger la tyrannie ».

Dans son allocution du 20 septembre 1999 lors de la séance inaugurale de l'Assemblée générale des Nations Unies, celui qui était alors le Secrétaire général de l'Organisation, Kofi Annan, allait dans le même sens : « *Aujourd'hui, il est largement admis que l'Etat est au service de sa population et non le contraire. Dans le même temps, la souveraineté de l'individu – [...] l'ensemble des droits de l'homme et des libertés fondamentales de chaque individu, tels qu'ils sont consacrés par la Charte* (des Nations Unies[330]) *- s'est trouvée renforcée par une prise de conscience renouvelée du droit qu'a chaque individu de maîtriser sa propre destinée* ». Aussi aucun Etat ne peut-il valablement prétendre, au nom de sa souveraineté, être le propriétaire des souffrances qu'il abrite ou, pire encore, qu'il engendre lui-même[331].

La justice pénale internationale apparaît ainsi comme une mise en demeure de l'Etat quant à

---

[330] Nous le soulignons.
[331] A ce sujet, l'on peut utilement se référer à l'allocution du Président français François Mitterrand le 5 octobre 1987 à Paris, lors de la cérémonie de transfert des cendres de René Cassin au Panthéon, où il s'est exprimé en ces termes : « *Ce besoin d'assistance humanitaire traverse comme les images les frontières de l'idéologie, de la langue, de la censure et souvent des souverainetés étatiques. Parce qu'elle est celle de l'homme, la souffrance relève de l'universel. Le droit des victimes à être secourues, dès lors qu'elles appellent au secours et secourues par des volontaires qui se veulent professionnellement neutres, dans ce que l'on a appelé il y a peu, le* « *devoir d'ingérence* » *humanitaire dans des situations d'extrême urgence, tout cela, n'en doutons pas, figurera un jour dans la Déclaration universelle des droits de l'homme. Tant il est vrai qu'aucun Etat ne peut être tenu pour propriétaire des souffrances qu'il engendre ou qu'il abrite* ».

l'exercice de ses fonctions régaliennes de protection. En effet, c'est à l'Etat que revient la responsabilité principale dans la sanction des crimes quels qu'ils soient et c'est seulement à défaut que le recours à la justice pénale internationale, qui reste un recours d'exception, se justifie.

Il convient de relever également que sur la base du principe de l'indivisibilité de la paix[332], tel qu'il est consacré par les Nations Unies, les Etats sont invités à garantir la paix et la sécurité non seulement dans les relations internationales mais aussi sur leurs territoires respectifs, en créant et en garantissent les conditions d'une paix qui soit à la fois juste et durable[333] . C'est seulement à ce prix que l'on pourra éviter, entre autres, les guerres civiles et autres conflits armés qui sont souvent générateurs de violations graves des droits de l'homme, des crimes de guerre, crimes contre l'humanité, voire le crime de génocide.

---

[332] Rés. AG/377 (V) du 3 novembre 1950 qui est libellée comme suit : *«[…] il ne suffit pas, pour assurer une paix durable, de conclure des accords de sécurité collective contre les ruptures de la paix internationale et les actes d'agression, mais que le maintien d'une paix réelle et durable dépend aussi de l'observation de tous les buts et principes énoncés dans la Charte des Nations Unies, de la mise en œuvre des résolutions adoptées par le Conseil de sécurité, par l'Assemblée générale et par les organes principaux des Nations Unies pour assurer le maintien de la paix et de la sécurité internationales ; et qu'il dépend, en particulier, du respect effectif des droits de l'homme et des libertés fondamentales pour tous, ainsi que la création et le maintien des conditions favorables au bien-être économique et social dans tous les pays… ».*
[333] *Idem.* Voir aussi à ce sujet : JOUANNET E., *Le droit international*, Paris, Presses universitaires de France, Collection « *Que sais-je ?* », 2013.

C'est sans doute également l'un des sens profonds du fameux principe de la « responsabilité de protéger [334] » que l'on peut interpréter comme un renforcement de la souveraineté de l'Etat, certes, mais aussi comme une assignation de l'Etat à l'obligation positive de protection de toutes les personnes ou des groupes se trouvant sous sa juridiction[335]. En effet, la Déclaration des Chefs d'Etats et de gouvernements adoptée à l'issue du Sommet mondial de 2005[336], et dont les principaux éléments sont repris par le Secrétaire général des Nations Unies dans le rapport présenté en 2009 sur le sujet[337], comporte justement

---

[334] Le principe de la responsabilité de protéger est parfois présenté, à tort ou à raison, comme une récusation du droit/devoir d'ingérence humanitaire.
Voir à ce sujet nos articles :
- « L'humanitaire en question ? », *Etudes interculturelles*, 6/2013, pp. 111-116 ;
- « La question humanitaire : du devoir de vertu au devoir de droit », *Etudes Interculturelles*, 5/2012, Tome 2, pp. 181-194 ;
- « L'humanitaire : de la stratégie de crise à la crise de la stratégie », *Revue Jinan des droits de l'homme*, n°2/2011, pp. 102-119 ;
- « Des crises humanitaires à la crise de l'humanitaire », *Revue de l'Université catholique de Lyon*, 16/2009, pp. 61-70 ;
- « L'intervention internationale : de l'humanitaire à la dissuasion judiciaire », *Cahiers de l'Institut des droits de l'homme de Lyon*, Numéro spécial à l'occasion du XXᵉ Anniversaire de l'Institut des droits de l'homme de Lyon (IDHL), février 2006, pp. 105-120.

[335] PALLARD H. & TZITZIS S., *Minorités, cultures et droits fondamentaux*, Paris, L'Harmattan, 2001.
[336] *Cf.* A/RES/60/1, §§ 138 et 139 (« Responsabilité de protéger les populations contre le génocide, les crimes de guerre, le nettoyage ethnique et les crimes contre l'humanité »).
[337] *Cf.* A/63/677.

des piliers pour la mise en œuvre effective du principe de la responsabilité de protéger[338], à savoir :

« 138. *C'est à chaque État qu'il incombe de protéger ses populations du génocide, des crimes de guerre, du nettoyage ethnique et des crimes contre l'humanité. Cette responsabilité consiste notamment dans la prévention de ces crimes, y compris l'incitation à les commettre, par les moyens nécessaires et appropriés. Nous l'acceptons et agirons de manière à nous y conformer. La Communauté internationale devrait, si nécessaire, encourager et aider les États à s'acquitter de cette responsabilité et aider l'Organisation des Nations Unies à mettre en place un dispositif d'alerte rapide.*

139. Il incombe également à la Communauté internationale, dans le cadre de l'Organisation des Nations Unies, de mettre en œuvre les moyens diplomatiques, humanitaires et autres moyens pacifiques appropriés, conformément aux Chapitres VI et VIII de la Charte, afin d'aider à protéger les populations du génocide, des crimes de guerre, du nettoyage ethnique et des crimes contre l'humanité. Dans ce contexte, nous sommes prêts à mener en temps voulu une action collective résolue, par l'entremise du Conseil de sécurité, conformément à la Charte, notamment son Chapitre VII, au cas par cas et en coopération, le cas échéant, avec les organisations régionales compétentes, lorsque ces moyens pacifiques se révèlent inadéquats et que les autorités nationales n'assurent manifestement pas la protection de leurs populations contre le génocide, les crimes de guerre, le nettoyage ethnique et les crimes contre l'humanité. Nous

---

[338] *Cf.* A/RES/60/1, précitée.

soulignons que l'Assemblée générale doit poursuivre l'examen de la responsabilité de protéger les populations du génocide, des crimes de guerre, du nettoyage ethnique et des crimes contre l'humanité et des conséquences qu'elle emporte, en ayant à l'esprit les principes de la Charte et du droit international. Nous entendons aussi nous engager, selon qu'il conviendra, à aider les États à se doter des moyens de protéger leurs populations du génocide, des crimes de guerre, du nettoyage ethnique et des crimes contre l'humanité et à apporter une assistance aux pays dans lesquels existent des tensions avant qu'une crise ou qu'un conflit n'éclate ».

Tout cela conduit à une réflexion de fond sur le sens même et la portée de la souveraineté étatique aujourd'hui, dans un contexte international par ailleurs marqué également par la mondialisation des valeurs humaines fondamentales en partage[339]. La souveraineté de l'Etat doit-elle rester purement juridique et statutaire ou doit-elle aussi être plus empirique, plus effective donc, méritée et même conditionnée pour le dire autrement[340] ?

L'évolution récente du droit international et de la justice pénale internationale semble marquer

---

[339] PALLARD H. & TZITZIS S., *Droits fondamentaux et spécificités culturelles*, Paris, L'Harmattan, 2000. Voir aussi notre article : « Cultures européennes et valeurs universelles : quels enjeux ? », *Revue de l'Université catholique de Lyon*, 13/2008, pp. 23-29.

[340] C'est en réalité ce qui de dégage d'une certaine casuistique des instruments juridiques relatives aux droits de l'homme et au droit international humanitaire (Voir à ce sujet, notamment : JOUANNET E., *Le droit international, op. cit*).

définitivement l'entrée de l'individu sur la scène internationale, à un double titre d'ailleurs :

- L'*individu protégé* : il s'agit d'une protection qui lui est parfois garantie directement par le droit international, notamment par les mécanismes opérationnels du droit international de protection des droits de l'homme dont la justice pénale internationale est sans doute l'une des expressions les plus abouties[341] ;

- Mais aussi l'*individu sanctionné* : une sanction parfois assurée également directement par le même droit international, notamment dans sa dimension pénale, avec parfois la primauté donnée à la justice pénale internationale[342].

C'est pourquoi, il importe de préciser à nouveau que le lien entre les Nations Unies et la justice pénale internationale n'est pas un lien conjoncturel mais intrinsèque qui relève de la stratégie globale de la Communauté internationale dans la recherche de la paix et de la sécurité dans le monde[343].

---

[341] Voir l'article 21, alinéa 3 du Statut de Rome de 1998 relatif au droit applicable par la Cour qui dispose : « *L'application et l'interprétation du droit prévu au présent article doivent être compatibles avec les droits de l'homme internationalement reconnus* [...] ».

[342] Comme déjà évoqué, c'est notamment le cas du TPIY et du TPIR qui, aux termes de leurs statuts respectifs, ont la primauté de compétence par rapport aux juridictions nationales ex-yougoslaves et rwandaises.

[343] BOURDON William & DUVERGER Emmanuelle, *La Cour pénale internationale, op. cit.* pp. 25-27.

Peut-on, pour autant, en conclure qu'avec la justice pénale internationale, l'humanité s'est durablement et efficacement prémunie contre le fléau de la guerre qui a infligé à l'humanité d'indicibles souffrances [344] et justifier de pires crimes d'Etat ? La présente réflexion montre que dans son évolution contemporaine, le droit international est incontestablement marqué par la consécration de la justice pénale internationale comme le bouclier (et/ou l'épée) des droits de l'homme et du droit international humanitaire[345].

Cependant, en dépit des progrès indéniables réalisés et du caractère irréversible de ce processus en cours, cette juridiction reste toujours bâtie sur le paradigme de l'Etat et du sacro-saint principe de la souveraineté de l'Etat, pour le meilleur comme pour le pire.

Tout ce qui précède tend à valider l'idée selon laquelle le droit international contemporain se développe désormais à partir d'une double exigence ou, plus précisément, sur la base du double principe de souveraineté qui se traduit bien logiquement par une double allégeance :

- D'une part, l'allégeance faite à la souveraineté de l'Etat, laquelle est bien ancrée dans le droit international tant conventionnel que coutumier et suffisamment consolidée par la

---

[344] Cf. Charte des Nations Unies, Préambule, §2.
[345] CARTUYVELS Y., DUMONT H., OST F., VAN DE KERCHOVE M. & VAN DROOGHENBROECK S. (dir.), *Les droits de l'homme, bouclier ou épée du droit pénal ?*, *op. cit.*

jurisprudence internationale que l'on sait bien abondante à ce sujet[346] ;

- D'autre part, l'allégeance faite cette fois-ci à la « souveraineté de l'individu », bâtie sur le paradigme de la dignité, la valeur de la personne humaine et même sur une certaine idée de l'humanité, pensée comme un tout unique qui ne saurait être segmentée par une justification quelconque, d'ordre politique, idéologique, religieux, culturel ou autres [347]. C'est bien cette idée de l'homme, et de sa dignité irréductible, qui se dégage systématiquement au travers des instruments juridiques internationaux relatifs aux droits de l'homme et au droit international humanitaire et qui, finalement, constitue la base de légitimation de la justice pénale internationale[348].

Cette double exigence représente la force, en même temps que la faiblesse, d'un nouvel ordre juridique international dont les droits de l'homme, déclarés naturels, imprescriptibles et universels, sont devenus le socle et la référence ultimes au point d'être

---

[346] *Les arrêts de la Cour internationale de justice* (Textes rassemblés par Charalambos APOSTOLIDIS), Dijon, Editions Universitaires de Dijon (EUD), 2005.
[347] Christophe VERSELLE, *La Déclaration universelle des droits de l'homme*, Librio, Paris, 2008. Voir également notre article : « Le respect de la diversité culturelle : un impératif catégorique ? », *Etudes interculturelles*, 11/2017, pp. 173-185.
[348] CASSESE A., SCALIA D. & THALMANN V., *Les grands arrêts de droit international*, op. cit., pp. 75-76.

désormais l'un des éléments essentiels de structuration des relations internationales[349].

Or, la fonction originelle des droits de l'homme, telle qu'elle se décline au travers des instruments juridiques traditionnels y relatifs, est précisément de garantir l'Etat de droit, c'est-à-dire l'autorité et la prééminence du droit, notamment par la limitation et l'exercice mesuré du pouvoir de l'Etat. Cette conception des droits de l'homme fait de l'Etat la condition *sine qua non* pour la réalisation effective et optimale des droits fondamentaux des personnes, tout en assignant la puissance publique à une obligation positive de protection qui doit être à la fois juridique, politique et morale [350].

C'est cette mission fondamentale de protection qui incombe originellement à l'Etat, qui est au cœur du mandat conféré à la justice pénale internationale, au travers d'un corpus juridique qui s'est considérablement renforcé depuis la fin de la Deuxième Guerre et qui, en grande partie, relève désormais du droit coutumier. L'émergence de cette juridiction, dont la CPI est aujourd'hui la composante majeure, s'est faite non pas contre la volonté des Etats mais pleinement en adéquation avec leur vision de la

---

[349] *Cf.* notre article : « L'aujourd'hui de l'autorité des droits de l'homme », *Revue Hamzat Wassel*, juin 2010, pp. 7 & sq. Voir aussi : DELMAS-MARTY M., *Les forces imaginantes du droit : le relatif et l'universel*, Paris, Seuil, 2004.
[350] *Cf.* notre article : « L'Etat : une condition *sine qua non* pour la réalisation des droits de l'homme », *Etudes interculturelles*, 10/2016, pp. 121-137.

dignité et de la valeur de la personne humaine[351] qui fait que les crimes qui heurtent la conscience de l'humanité ne doivent plus restés impunis.

Le mandat conféré à la justice pénale internationale contribue à alléger la lourde tâche de sanctionner les crimes contre l'humanité qui incombe principalement aux Etats. En dépit des obstacles, matériels, parfois juridiques et surtout politiques, sur le chemin de l'effectivité de la justice pénale internationale, rien n'est venu remettre fondamentalement en question ce mandat dont la visée téléologique est de contribuer à préserver l'humanité du fléau de la guerre et des crimes les plus graves qui en résultent généralement.

Quelles que soient les objections que les détracteurs de la justice pénale internationale auront formulées (ou auront à formuler !), il est important de souligner que cette juridiction est une institution encore jeune qui en est en réalité à sa phase de démarrage. Aussi, n'est-il pas exclu que quelques erreurs ou maladresses aient été commises, en particulier relativement aux stratégies adoptées. Soit ! Mais existe-t-il une seule institution humaine qui ne soit perfectible ?

C'est donc, fondamentalement, sur le long terme et à partir d'une vision téléologique qu'il faudra mesurer la portée réelle de la justice pénale internationale, au travers notamment de la mission

---

[351] Voir, entre autres, les dispositions préambulaires de la Charte des Nations Unies, de la Déclaration universelle des droits de l'homme (DUDH), du Statut de Rome portant création de la CPI, etc.

dévolue principalement à la Cour pénale internationale.

Bibliographie

Nota bene :

La bibliographie ci-après présentée propose des références ayant trait respectivement aux sources primaires du droit international (les traités, les conventions et d'autres instruments juridiques internationaux) ainsi qu'aux sources auxiliaires (la jurisprudence et la doctrine). Ces références sont celles généralement citées en notes infrapaginales ou simplement mentionnées dans la présente rubrique, en raison de leur lien évident avec le sujet traité. Nous tenons à préciser qu'il ne nous a pas paru utile d'y introduire les rares références extrajuridiques qui apparaissent ça et là dans le corps du travail.

I. Instruments juridiques internationaux

Cette rubrique comprend des traités, des conventions et d'autres instruments juridiques internationaux (I.1), mais également des actes des organisations internationales n'ayant pas nécessairement de valeur juridique contraignante à l'égard des parties (I.2).

I. 1 Traités et conventions

- Accord de Londres et Statut du Tribunal militaire international *ad hoc* de Nuremberg (1945)
- Convention pour la prévention et la répression du crime de génocide (1948)
- Conventions (I, II, III & IV) de Genève de 1949
- Convention pour la répression de la traite des êtres humains et l'exploitation de la prostitution d'autrui (1950)
- Convention sur la protection des biens culturels en cas de conflits armés (1954)
- Convention supplémentaire relative à l'abolition de l'esclavage, de la traite des esclaves et des institutions et pratiques analogues à l'esclavage (1956)

- Convention de Vienne sur les relations diplomatiques (1961)
- Convention de Tokyo sur les infractions commises à bord d'aéronefs (1963)
- Convention internationale sur l'élimination de toutes les formes de discrimination raciale (1965)
- Convention sur l'imprescriptibilité des crimes de guerre et des crimes contre l'humanité (1965)
- Convention de Vienne sur le droit des traités (1969)
- Convention sur la répression de la capture illicite d'aéronefs (1970)
- Convention pour la répression des actes illicites dirigés contre la sécurité de l'aviation civile du 23 septembre 1971, telle que modifiée par le Protocole pour la répression des actes illicites de violence dans les aéroports servant à l'aviation civile internationale (1988)
- Convention internationale sur l'élimination et la répression du crime d'apartheid (1973)
- Convention de New York sur la prévention et la répression des infractions contre les personnes jouissant d'une protection internationale, y compris les agents diplomatiques (1973)
- Convention européenne pour la répression du terrorisme (1977)
- Convention internationale contre la prise d'otages (1979)
- Convention sur la protection physique des matières nucléaires (1980)
- Convention pour la répression d'actes illicites contre la sécurité des plates-formes fixes situées sur le plateau continental (1988)
- Convention de Vienne contre le trafic illicite de stupéfiants et de substances psychotropes (1988)
- Convention des Nations Unies sur le droit de la mer (1982)
- Convention contre la torture et autres peines ou traitements cruels, inhumains ou dégradants (1984)
- Projet de Convention de code des crimes contre la paix et la sécurité de l'humanité (1991)

- Déclaration sur la protection de toutes les personnes contre les disparitions forcées, adoptée par l'Assemblée générale des Nations Unies le 18 décembre 1992 (A/47/133)
- Convention sur la sécurité du personnel des Nations Unies et du personnel associé (1994)
- Convention internationale pour la répression des attentats terroristes à l'explosif (1997)
- Traité de Rome portant création de la Cour pénale internationale (1998)
- Convention internationale sur la protection de toutes les personnes contre les disparitions forcées (2006).

I. 2 Actes des organisations internationales

- Résolution 60/1 de l'Assemblée générale des Nations Unies du 16 septembre 2005, portant notamment sur la responsabilité de protéger (2005)
- Résolution 955 du Conseil de sécurité de l'ONU, portant création du Tribunal pénal international *ad hoc* pour le Rwanda (1994)
- Résolution 827 du Conseil de sécurité de l'ONU, portant création du Tribunal pénal international *ad hoc* pour l'ex-Yougoslavie (1993)
- Résolution 3068 (XXVIII) de l'Assemblée générale des Nations Unies du 30 novembre 1973 sur la suppression et la répression de l'apartheid (1973)
- Résolution 377 (V) de l'Assemblée générale des Nations Unies du 3 novembre 1950, intitulée « Union pour le maintien de la Paix » (1950)
- Résolution 260A (III) de l'Assemblée générale des Nations Unies du 9 décembre 1948 sur répression du crime de génocide (1948).

II. Jurisprudence

Cette rubrique tient compte essentiellement de la jurisprudence de quatre instances internationales, à savoir la Cour internationale de justice (II.1), la Cour pénale internationale

(II.2), les tribunaux pénaux internationaux *ad hoc* pour l'ex-Yougoslavie et pour le Rwanda (II.3) et les Chambres extraordinaires africaines (II.4). Les autres références jurisprudentielles, notamment celles des juridictions nationales et autres citées dans le corps du travail n'y sont pas répertoriées, volontairement.

II.1 Cour internationale de justice (CIJ)

- Affaire du Détroit de Corfu (Royaume Uni c. Albanie, arrêt du 9 avril 1949)
- Affaire Nottebohm (Liechtenstein c. Guatemala, arrêt du 6 avril 1955)
- Affaire du Plateau continental de la Mer du Nord (Danemark & Pays-Bas c. République Fédérale d'Allemagne, arrêt du 20 févier 1969)
- Affaire *Barcelona Traction Light and Power Company Limited* (Belgique c. Espagne, arrêt du 5 février 1970)
- Affaire du Personnel diplomatique et consulaire des Etats-Unis à Téhéran (Iran c. Etats-Unis, ordonnance en mesures conservatoires du 15 décembre 1979 et arrêt du 24 mai 1980)
- Affaire des activités militaires et paramilitaires au Nicaragua et contre celui-ci (Nicaragua c. Etats-Unis, ordonnance en mesures conservatoires du 10 mai 1984 et arrêt du 27 juin 1986)
- Affaire du Différend frontalier de la Bande d'Aouzou (Libye c. Tchad, arrêt du 3 février 1994)
- Affaire relative à la Licéité de la menace ou de l'emploi d'armes nucléaires (ONU et l'Organisation mondiale de la santé-OMS, avis consultatif du 8 juillet 1996)
- Affaire du Lockerbie (Libye c. Etats-Unis & Royaume-Uni, arrêt du 27 février 1998)
- Affaire LaGrand (Allemagne c. Etats-Unis, ordonnance en indication de mesures conservatoires du 3 mars 1999 et arrêt du 27 juin 2001)
- Affaire du Mandat d'arrêt du 11 avril 2000 (République démocratique du Congo c. Royaume de Belgique, arrêt du 14 février 2002)

- Affaire des Questions concernant l'obligation de poursuivre ou d'extrader (Belgique c. Sénégal, arrêt du 20 juillet 2012).

II.2 Cour pénale internationale (CPI)

i. Condamnation

- Le Procureur c. Jean Pierre Bemba Gombo, Aimé Kilolo Musamba, Jean Jacques Magenda Kabongo, Fidèle Babala Wndu et Narcisse Arido (arrêt de condamnation du 19 octobre 2016)
- Le Procureur c. Mohamed al Mahdi (arrêt de condamnation du 27 septembre 2016)
- Le Procureur c. Germain Katanga (arrêt de condamnation du 7 mars 2014)
- Le Procureur c. Thomas Lubanga Dylo (arrêt de condamnation du 14 mars 2012 et jugement en appel le 1er décembre 2014).

ii. Confirmation des charges

- Le Procureur c. Dominique Ongwen (décision de confirmation des charges du 23 mars 2016)
- Le Procureur c. Laurent K. Gbagbo & Charles Blé Goudé (décision de confirmation des charges du 11 mars 2015, pour Charles Blé Goudé)
- Le Procureur c. Laurent K. Gbagbo & Charles Blé Goudé (décision de confirmation des charges du 12 juin 2014, pour Laurent K. Gbagbo).

iii. Acquittement

- Le Procureur contre Mathieu Ngudjolo Chui (arrêt d'acquittement du 18 décembre 2012)
- Le Procureur c. Jean Pierre Bemba Gombo (arrêt d'acquittement du 8 juin 2018)
- Le Procureur c. Laurent K. Gbagbo & Charles Blé Goudé (arrêt de la Chambre d'appel du 31 mars 2021,

confirmant à la majorité la décision d'acquittement du 15 janvier 2019).

II.3 Tribunal pénal international *ad hoc* pour l'ex-Yougoslavie (TPIY)

i. Condamnation

- Le Procureur c. Radovan Karadžić (arrêt de condamnation du 24 mars 2016)
- Le Procureur c. Sikirica et consorts (arrêt de condamnation du 13 novembre 2001)
- Le Procureur c. Tihomir Blaškić (arrêt de condamnation du 3 mars 2000)
- Le Procureur c. Goran Jelisić (arrêt de condamnation du 14 décembre 1999)
- Le Procureur c. Anto Furundžija (arrêt de condamnation du 10 décembre 1998)
- Le Procureur c. Duško Tadić (arrêt de condamnation du 7 mai 1997)
- Le Procureur c. Dražen Erdemović (arrêt de condamnation du 29 novembre 1996).

ii. Acquittement

- Le Procureur c. Vojislav Šešelj (arrêt d'acquittement du 31 mars 2016)
- Le Procureur c. Naser Orić (arrêt d'acquittement du 3 juillet 2008)
- Le Procureur c. Sefer Halilović (arrêt d'acquittement du 16 novembre 2005).

II.3 Tribunal pénal international *ad hoc* pour le Rwanda (TPIR)

i. Condamnation

- Le Procureur c. Yusuf Muniyakazi (arrêt de condamnation du 5 juillet 2010, confirmé en appel le 28 septembre 2011)

- Le Procureur c. Bagosora et *al.* (arrêt de condamnation du 18 décembre 2008)
- Le Procureur c. François Karera (arrêt de condamnation du 7 décembre 2007, confirmé en appel le 2 février 2009)
- Le Procureur c. Nahimana et *al.* (arrêt de condamnation du 3 décembre 2003)
- Le Procureur c Jean Paul Akayesu (arrêt de condamnation du 2 octobre 1998, confirmé en appel le 1er juin 2001)
- Le Procureur c. Jean Kabanda (arrêt de condamnation du 4 septembre 1998, confirmé en appel le 19 octobre 2000).

ii. Acquittement

- Le Procureur c. Casimir Bizimungu (arrêt d'acquittement du 30 septembre 2011)
- Le Procureur c. Jérôme Bicamumpaka (arrêt d'acquittement du 30 septembre 2011)
- Le Procureur c. Hormisdas Nsengimana (arrêt d'acquittement du 17 novembre 2009).

II.4 Chambres extraordinaires africaines (CEA)

- Affaire Hissein Habré (arrêt du 30 mai 2016, 1ère instance)
- Affaire Hissein Habré (arrêt de confirmation en appel du 27 avril 2017).

III. Doctrine

Cette rubrique comprend des ouvrages généraux (III. 1) ainsi des articles spécialisés (III. 2).

III. 1 Ouvrages

- ANDERSSON Nils, IAGOLNITZER Daniel & RIVASSEAU Vincent (dir.), *La justice internationale et impunité : le cas des Etats-Unis*, Paris, L'Harmattan, 2007

- ANDERSSON N. & LAGOT D. (*dir.*), *La justice internationale aujourd'hui : vraie justice ou justice à sens unique ?*, Paris, L'Harmattan, 2009
- ARENDT Hannah, *Les origines du Totalitarisme*, Paris, Seuil, 1972
- ARON Raymond, *Paix et guerre entre les nations*, Paris, Calmann-Lévy, 1962
- ARSAC Pierre, CHABOT Jean-Luc & PALLARD Henri, *Etat de droit, droits fondamentaux et diversité culturelle*, Paris, L'Harmattan, 1999
- BAZELAIRE Jean-Paul & CRETIN THIERRY, *La justice pénale internationale*, Presses universitaires de France, Paris, 2000
- BODIN Jean, *Les Six Livres de La République* (1529/30-1596)
- BOISSON de CHAZOURNES Laurence, QUEGUINER Jean-François & VILLALPANDO Santiago (dir.), *Crimes de l'histoire et réparations : les réponses du droit et de la justice*, Bruxelles, Bruylant, Collection de droit international, 2004
- BOURDON William & DUVERGER Emmanuelle, *La Cour pénale internationale*, Paris, Seuil, 2000
- BRANCO Juan, *L'ordre et le monde : Critique de la Cour pénale internationale*, Paris, Ouvertures Fayard, 2016
- BRUNETEAU Bernard, *Le siècle des génocides*, Paris, Armand Colin, 2004
- CARTUYVELS Yves & alii, *Les droits de l'homme, bouclier ou épée du droit pénal*, Bruxelles, Bruylant, 2007
- CASSESE Antonio & DELMAS-MARTY Mireille, *Crimes internationaux et juridictions internationales*, Paris, Presses universitaires de France, 2002
- CASSESE Antonio & DELMAS-MARTY Mireille, *Juridictions nationales et crimes internationaux*, Paris, Presses universitaires de France, 2002
- CASSESE A., SCALIA D. & THALMANN V., *Les grands arrêts de droit international*, Paris, Dalloz, 2010
- CHEVALIER Nathalie & LEFORT Bernard, *La Cour pénale internationale*, Paris, Tournon, 2007
- CHIAVARIO Mario (dir.), *La justice pénale internationale entre passé et avenir*, Milan, Giuffrè Editore, 2003

- DAVID E., *Principes de droit des conflits armés*, Bruxelles, Bruylant, 2002
- DELMAS-MARTY Mireille (*dir.*), *Raisonner la raison d'Etat : vers une Europe des droits de l'homme*, Paris, Presses universitaires de France, 1989
- DELMAS-MARTY M., *Trois défis pour un droit mondial*, Paris, Seuil, 1998
- DELMAS-MARTY M., *Les forces imaginantes du droit : le relatif et l'universel*, Paris, Seuil, 2004
- DELMAS-MARTY Mireille & alii, *Les sources du droit pénal international : l'expérience des tribunaux pénaux internationaux et le Statut de la Cour pénale internationale*, Paris, Société de législation comparée, 2005
- DELSOL Chantal, *La grande méprise*, La Table Ronde, Paris, 2004
- DEPREZ Christophe, *L'applicabilité des droits humains à l'action de la Cour pénale internationale*, Bruxelles, Bruylant, 2016
- DONNEDIEU de VABRES Henri, *Les principes modernes du droit pénal international*, Sirey, 1928
- FOFE DJOFIA MALEWA Jean-Pierre, *La Cour pénale internationale : Institution nécessaire aux pays des Grands Lacs africains*, Paris, L'Harmattan, 2006
- GARAPON Antoine, *Des crimes qu'on ne peut ni punir ni pardonner*, Paris, Odile Jacob, 2002
- GAREAU J.-F., In BOISSON de CHAZOURNES L., QUEGUINER J.-F. & VILLALPANDO S. (dir.), *Crimes de l'histoire et réparations : les réponses du droit et de la justice*, Bruxelles, Bruylant, Collection de droit international, 2004, pp. 35 sq
- GOYARD-FABRE Simone, *La construction de la paix ou le travail de Sisyphe*, Paris, Vrin, 1994
- GROTIUS Hugo, *Droit de la guerre et de la paix*, Paris, Presses universitaires de France, 2005
- GUILLAUME Gilbert, « La compétence universelle : formes anciennes et nouvelles », *Mélanges Levasseur*, Paris, Litec, 1992
- HAZAN Pierre, *La justice face à la guerre : De Nuremberg à La Haye*, Paris, Stock, 2000

- HAZAN Pierre, *La paix contre la justice : Comment reconstruire un Etat avec des criminels de guerre*, Bruxelles, André Versaille Editeur-GRIP, 2010
- HERMAN Edward S. & PETERSON David, *Génocide et propagande : l'instrumentalisation politique des massacres*, Lux Editeur, Montréal, 2012
- HUET André & KOERING-JOULIN Renée, *Le droit pénal international*, Paris, Presses universitaires de France, Collection Thémis, 1993
- JEANGENE VILMER Jean-Baptiste, *Réparer l'irréparable : les réparations aux victimes devant la Cour pénale internationale*, Paris, Presses universitaires de France, 2009
- JOUANNET Emmanuelle, *Le droit international*, Paris, Presses universitaires de France, Collection « Que sais-je ? », 2013
- JOUANNET Emmanuelle, *Le droit international de reconnaissance*, Paris, 2016
- LAMBOIS C., *Droit pénal international*, 2e éd., Paris, Dalloz, 1979
- LEWIS Mark, *The Birth of the New Justice - The Internationalization of Crime and Punishment, 1919-1950*, Oxford, 2014
- MABANGA Ghislain, *La victime devant la Cour pénale internationale*, Paris, L'Harmattan, 2009
- NOLLEZ-GOLDBACH Raphaëlle & SAADA Julie, *La justice pénale face aux crimes de masse : approches critiques*, Paris, Editions A. Pedone, 2014
- PALLARD Henri & TZITZIS Stamatios, *La mondialisation et la question des droits fondamentaux*, Laval, Presses Université Laval, 2004
- PALLARD Henri & TZITZIS Stamatios, *Minorités, cultures et droits fondamentaux*, Paris, L'Harmattan, 2001
- PALLARD Henri & TZITZIS Stamatios, *Droits fondamentaux et spécificités culturelles*, Paris, L'Harmattan, 2000
- PEYRO LLOPIS Ana, La compétence universelle en matière de crimes contre l'humanité, Bruxelles, Bruylant, 2003
- RAMONET Ignacio, *Géopolitique du chaos*, Paris, Gallimard, 1999

- ROUSSEAU Jean-Jacques, *Du contrat social*, Paris, Aubier-Montaigne, 1943
- TAVERNIER Paul & HEYNS Christof, *Recueil juridique des droits de l'Homme en Afrique* (Tomes 1 & 2), Bruxelles, Bruylant, 2006
- TAVERNIER Paul & alii, *Actualité et jurisprudence pénale internationale à l'heure de la mise en place de la Cour pénale internationale*, Bruxelles, Bruylant, 2004
- TCHIKAYA Blaise, *De la jurisprudence du droit international public*, 4è Ed., Paris, Hachette, 2007
- TERNON Yves, *Guerre et génocide au XXè*, Paris, Odile Jacob, 2007
- TINE Aliou, *La Cour pénale internationale : L'Afrique face au défi de l'impunité*, Dakar, Editions RADDHO, 2000
- TUTU Desmond, *Il n'y pas d'avenir sans pardon*, Paris, Albin Michel, 2000
- YACOUB Joseph, *Les droits de l'homme sont-ils exportables ?* Ellipses, Paris, 2005.

III. 2 Articles spécialisées

- « Actes du premier Congrès international de droit pénal », Bruxelles, 26-29 juin 1926, *Revue internationale de droit pénal*, vol 5, 1928
- COULEE F., « Sur un Etat tiers bien peu discret : les États-Unis confrontés au statut de la Cour pénale », *Annuaire français de droit international*, vol. 49, 2003, Numéro 1, pp. 32-70
- GRECIANO Ph. (avec ARBIA S.), « Cour pénale internationale et médiation contre la culture de l'impunité », In *Justice et droits de l'Homme. Les enjeux de la médiation internationale*, Mare & Martin, 2015, pp. 33-53
- GRECIANO Ph., « Procès des dirigeants Khmers rouges et médiation mémorielle », In *Justice et droits de l'Homme. Les enjeux de la médiation internationale*, Mare & Martin, 2015, pp. 107-121
- GRECIANO Ph., « Paix et reconstruction en Asie du Sud Est. L'histoire du Cambodge devant les juges », *Gazette*

du Palais, n°359 et 363, Paris, 2011, In « *De Nuremberg à La Haye. Vérité et Réconciliation des civilisations* ». *Gazette du Palais*, n°359 et 363, Paris, 2011. Actes du colloque international du 25 mars 2011 au Palais de Justice de Paris, sous l'égide des Nations Unies, pp. 23-26
- GRECIANO Ph., « Pour un travail de mémoire et de réconciliation. Pierre Péan et le Rwanda », *Recueil Dalloz*, n°21, 2009, pp. 1425 & s
- GRECIANO Ph., « Justice sur le génocide rwandais. Une coopération judiciaire difficile », Recueil Dalloz, n°42, Paris, 2007, pp. 2985-2988
- HEISBOURG F., « La fin du modèle westphalien », *Autrement*, Numéro 123, 2002, pp. 40 sq
- STERN B., « La compétence universelle en France : le cas des crimes commis en ex-Yougoslavie et au Rwanda », GYIL, vol. 40, 1997, pp. 281 sq
- TAVERNIER Paul, « Sécurité internationale, droit international humanitaire et droits de l'Homme. Quelques réflexions sur le rôle des juridictions internationales », *in La sécurité internationale entre rupture et continuité* (Mélanges en l'honneur du professeur Jean François Guilhaudis), Bruxelles, Bruylant, 2007, pp. 541-558
- TAVERNIER Paul, « Persistance de la raison d'Etat dans le système de la Convention européenne des droits de l'Homme », *Annuaire international des droits de l'Homme*, n° 3/2007
- VERHOEVEN J., « Mandat d'arrêt international et statut de ministre », *Journal des procès*, Numéro 435, 19 avril 2002, pp. 20-23.

Table des matières

Liste des sigles et abréviations .... p. 7
Préface .... p. 11

Introduction
De la légitimation des crimes d'Etat au défaut de pertinence de la qualité officielle .... p. 15

i. Un élément d'ordre statutaire .... p. 22
ii. Un élément d'ordre opérationnel .... p. 23

Généalogie de la question :
De la légitimation de la guerre à la « guerre hors la loi » ... p. 27

a. Les crimes contre la paix .... p. 33
b. Les crimes de guerre .... p. 35
c. Les crimes contre l'humanité .... p. 37

Première Partie
Un instrument multidimensionnel de dissuasion judiciaire universelle .... p. 51

I. Un mécanisme transversal :
La compétence universelle de juridiction .... p. 54

i. Les obstacles matériels .... p. 70
ii. Les obstacles juridiques .... p. 72
iii. Les obstacles politiques .... p. 72

II. Un mécanisme *ad hoc* :
L'exemple des tribunaux pénaux internationaux pour l'ex-Yougoslavie et pour le Rwanda .... p. 74

III. Un mécanisme permanent :
La Cour pénale internationale (CPI) .... p. 80

i. La saisine de la Cour .... p. 84
ii. La compétence territoriale de la Cour .... p. 86

iii. La compétence temporelle de la Cour :
L'imprescriptibilité des crimes contre l'humanité en question
.... p. 91

Deuxième Partie
L'autorité universelle de la justice pénale internationale et son effectivité en question ...... p. 101

I. La distinction classique entre le droit international et le droit interne .... p. 104

A. De la radicalité à la caducité (?) du principe .... p. 105

B. Retour aux fondements du principe de souveraineté : peut-on toujours parler d'un principe absolu ? .... p. 110

II. La mise en œuvre de la compétence de la justice pénale internationale : du principe à la réalité observable :........... p. 119

A. La compétence matérielle .... p. 123
B. La compétence temporelle .... p. 127

C. La compétence territoriale .... p. 128
D. La compétence personnelle .... p. 129

III. Les récusations de l'autorité de la justice pénale internationale : les cas spécifiques du positionnement des Etats-Unis d'Amérique et du contentieux relatif aux interventions de la CPI sur le continent africain .... p. 139

A. La Cour pénale internationale n'est pas l'arme des puissants, elle les insécurise .... p. 140

1. Une juridiction qui suscite la méfiance des Etats les plus puissants .... p. 141

2. Une juridiction qui emporte l'adhésion et la confiance de la majorité des Etats .... p. 143

3. Les ambiguïtés du débat .... p. 144

B. Le contentieux relatif aux interventions de la CPI sur le continent africain .... p. 146

1. Un réel engagement des Etats africains pour la CPI, souvent brouillé par une crise aux enjeux complexes .... p. 149

i. L'engagement des Etats africains pour la CPI .... p. 149
ii. Une crise qui masque probablement des réalités et des enjeux bien complexes .... p. 152

a. Le sentiment des Etats africains d'être stigmatisés en permanence par l'Occident .... p. 153
b. Le dilemme paix et justice .... p. 159

2. Quelles conséquences (possibles) de cette crise ? .... p. 161

i. Quelles conséquences du retrait éventuel des Etats africains de la CPI ? .... p. 162

ii. Peut-on / comment sortir de cette crise ? .... p. 165

Conclusion
De la raison d'Etat à l'Etat de droit :
Pour un retour à la mission originelle de l'Etat
.... p. 177

i. De la certitude à la persistance des incertitudes .... p. 180

ii. La justice pénale internationale :
Un outil au service d'une certaine idée de l'humanité .... p. 191

Bibliographie .... p. 205
Table des matières .... p. 219

Structures éditoriales du groupe L'Harmattan

L'Harmattan Italie
Via degli Artisti, 15
10124 Torino
harmattan.italia@gmail.com

L'Harmattan Hongrie
Kossuth l. u. 14-16.
1053 Budapest
harmattan@harmattan.hu

L'Harmattan Sénégal
10 VDN en face Mermoz
BP 45034 Dakar-Fann
senharmattan@gmail.com

L'Harmattan Congo
219, avenue Nelson Mandela
BP 2874 Brazzaville
harmattan.congo@yahoo.fr

L'Harmattan Cameroun
TSINGA/FECAFOOT
BP 11486 Yaoundé
inkoukam@gmail.com

L'Harmattan Mali
ACI 2000 - Immeuble Mgr Jean Marie Cisse
Bureau 10
BP 145 Bamako-Mali
mali@harmattan.fr

L'Harmattan Burkina Faso
Achille Somé – tengnule@hotmail.fr

L'Harmattan Togo
Djidjole – Lomé
Maison Amela
face EPP BATOME
ddamela@aol.com

L'Harmattan Guinée
Almamya, rue KA 028 OKB Agency
BP 3470 Conakry
harmattanguinee@yahoo.fr

L'Harmattan Côte d'Ivoire
Résidence Karl – Cité des Arts
Abidjan-Cocody
03 BP 1588 Abidjan
espace_harmattan.ci@hotmail.fr

L'Harmattan RDC
185, avenue Nyangwe
Commune de Lingwala – Kinshasa
matangilamusadila@yahoo.fr

Nos librairies en France

Librairie internationale
16, rue des Écoles
75005 Paris
librairie.internationale@harmattan.fr
01 40 46 79 11
www.librairieharmattan.com

Librairie des savoirs
21, rue des Écoles
75005 Paris
librairie.sh@harmattan.fr
01 46 34 13 71
www.librairieharmattansh.com

Librairie Le Lucernaire
53, rue Notre-Dame-des-Champs
75006 Paris
librairie@lucernaire.fr
01 42 22 67 13